문학과지성 시인선 288

한 잔의 붉은 거울

김혜순 시집

문학과지성사에서 펴낸 김혜순의 시집

또 다른 별에서(1981)
아버지가 세운 허수아비(1985; 개정판 1994)
우리들의 음화(1990; 개정판 1995)
나의 우파니샤드, 서울(1994)
불쌍한 사랑 기계(1997)
달력 공장 공장장님 보세요(2000)
당신의 첫(2008)
슬픔치약 거울크림(2011)
피어라 돼지(2016)
어느 별의 지옥(2017, 문학과지성 시인선 R)
날개 환상통(2019)
지구가 죽으면 달은 누굴 돌지?(2022)

문학과지성 시인선 288
한 잔의 붉은 거울

초판 1쇄 발행 2004년 5월 7일
초판 7쇄 발행 2022년 11월 25일

지 은 이 김혜순
펴 낸 이 이광호
펴 낸 곳 ㈜문학과지성사
등록번호 제1993-000098호
주   소 04034 서울 마포구 잔다리로7길 18(서교동 377-20)
전   화 02)338-7224
팩   스 02)323-4180(편집) 02)338-7221(영업)
전자우편 moonji@moonji.com
홈페이지 www.moonji.com

ⓒ 김혜순, 2004. Printed in Seoul, Korea

ISBN 89-320-1495-7 02810

이 책의 판권은 지은이와 ㈜**문학과지성사**에 있습니다.
양측의 서면 동의 없는 무단 전재 및 복제를 금합니다.

문학과지성 시인선 288
한 잔의 붉은 거울
김혜순

2004

시인의 말

얼음을 담요에 싸안고
폭염의 거리를 걷는 것처럼
그렇게 이 시간들을 떨었다.
한 발짝 내디딜 때마다
한 줄기 차디찬 핏물이
신발을 적실 것처럼.

2004년 5월
김혜순

한 잔의 붉은 거울
차례

■ 시인의 말

제1부
붉은 장미꽃다발 / 9
끓다 / 10
그녀, 요나 / 12
얼음의 알몸 / 14
얼굴 / 16
한 잔의 붉은 거울 / 18
오래된 냉장고 / 20
칼의 입술 / 22
나비 / 24
心臟 / 26
입술 / 28
O / 30
움켜쥔 마침표 하나 / 32
기상 특보 / 33
그녀의 음악 / 35
박쥐 / 37
봄비 / 39

그믐 / 41
저 붉은 구름 / 42

제2부

낙랑공주 / 47
1306호 / 49
유화부인 / 51
물거미의 집 / 53
새가 되려는 여자 / 55
태풍의 눈 / 58
꿈속에 꿈속에 꿈속에 / 60
백년 묵은 여우 / 61
구멍 / 62
판화에 갇힌 에우리디케 / 64
시 같은 거 / 66
BASKIN ROBBINS 31 대학로점 / 68
암탉 / 71
거미 / 73
문익점 / 75
깃발 / 77
붉은 이슬 한 방울 / 78
그녀의 지휘봉 / 79

제3부

슬픔 / 83

분수 / 85
Detective Poem / 87
Mixer & Juicer / 92
예술의 전당 밖의 예술의 전당 / 94
신기루 / 97
장엄 부엌 / 100
나의 판 옵티콘, 그 조감도 / 103
말씀 / 105
갈겨쓴 편지 / 107
흐느낌 / 109
캄보디아 / 111
두통 / 113
깊은 곳 / 115
티티카카 / 117
두 장의 혀 / 119
눈보라 / 121
내 꿈속의 문화 혁명 / 123
살아 있다는 것 / 126
날마다의 장례 / 127

▨ 해설 · '그녀, 요나'의 붉은 상상 · 이인성 / 129

제1부

붉은 장미꽃다발

네 꿈의 한복판
네 온몸의 피가 밀려왔다가 밀려가는 그곳
그곳에서 나는 눈을 뜰래

네 살갗 밑 장미꽃다발
그 속에서 바짝 마른 눈알을 치켜뜰래
네 안의 그 여자가 너를 생각하면서
아픈 아코디언을 주름지게 할래

아코디언 주름 속마다 빨간 물고기들이 딸꾹질하게 할래

너무 위태로워 오히려 찬란한
빨간 피톨의 시간이 터지게 할래

네 꿈의 한복판
네 온몸의 숨이 밀려왔다가 밀려가는 그곳
그곳의 붉은 파도 자락을 놓지 않을래

내 밖의 네 안, 그곳에서 영원히
돌아오지 못할래

끓다

밤하늘 깊숙이 날아가는 너
그러나 나는 자다가도 너의 열원을 감지한다
공대공 미사일 발사!
먼 하늘에서의 가열찬 폭파!
잠시 후 냄비에서 물이 끓는다
잠자기는 글렀으니 커피나 한 잔 마셔야겠다
하마터면 냄비 속에 손을 집어넣을 뻔했다
끓는 물이 너무도 시려 보여서
손 대신 냄비에 얼굴을 집어넣고 뭐라고 뭐라고 해본다
수만 겹의 고막이 끓는가?
아니면 탄생과 소멸의 은유인가?
졸아붙는 물속에서 수만 개의 모스 부호가 요동친다
통성 기도 중인 예배당 같다
상공으로 치솟아 거친 기류를 헤치고
천천히 선회하다가 급강하하는 콘도르
그 먼 시선으로 끓는 물을 내려다보기도 한다
누군가 숲 속에 헬리콥터라도 몰래 숨겨놓았나?
저 먼 곳에서 다시 숲의 나무들이 끓는 소리
몸 내부로만 꽂힌 수만 개의 붉은 전선들이
안으로 안으로 전기를 방출하기 시작한다

이것은 감각이 아니라 초음파야 물결이야
손을 넣기만 해도 감전사해버릴 나의 내부
이번엔 내가 전파 냄비처럼 끓기 시작한다
이것은 사랑이 아니라 전파 탐지기야 미사일이야
귀에서 끓는 소리가 난다
내 몸에서 내가 쉭쉭 빠져나간다
물이 다 졸아붙는다

그녀, 요나

어쩌면 좋아요
고래 뱃속에서 아기를 낳고야 말았어요
나는 아직 태어나지도 못했는데
사랑을 하고야 말았어요

어쩌면 좋아요
당신은 나를 아직 다 그리지도 못했는데
그림 속의 내가 두 눈을 달지도 못했는데

그림 속의 여자가 울부짖어요
저 멀고 깊은 바다 속에서 아직 태어나지도 못한
그 여자가 울어요 그 여자의 아기도 덩달아 울어요
두 눈을 뜨고 당신을 보지도 못했는데 눈물이 먼저 나요

(나는 아직 태어나지 않은 게 분명하지요?
그러니 자꾸만 자꾸만 당신이 보고 싶지요)

오늘 밤 그 여자가
한번도 제 몸으로 햇빛을 반사해본 적 없는 그 여자가
덤불 같은 스케치를 뒤집어쓰고

젖은 머리칼 흔드나 봐요
이파리 하나 없는 숲이 덩달아 울고
어디선가 보고 싶다 보고 싶다 함박눈이 메아리쳐와요

아아, 어쩌면 좋아요?
나는 아직 태어나보지도 못했는데
나는 아직 두 눈이 다 빚어지지도 못했는데

얼음의 알몸

너는 흰눈을 저장해둔 곳에 가본 일이 있으며
우박창고에 가본 적이 있느냐*

너는 바다 밑 얼음창고에 가본 적이 있느냐
너는 거기서 물로 빚은 물고기들이 숨죽이고 있는 걸 본 적이 있느냐

너는 마음속에 눈이 내려
높이 높이 쌓인 눈, 그 속에 숨은 사람을 본 적이 있느냐
그 사람이 잠 깨어 눈뜰 때
그 눈 속에 떠오르던 검은 달이
우는 걸 본 적이 있느냐

너는 쏜살같이 달려가는 기차에서
쏜살같이 달아나는 흰 산들을 잡으려 해본 적이 있느냐
그 산들의 싸늘한 눈길을 견뎌본 적 있느냐

땡볕 쏟아지는 여름 그 큰 얼음을 아픈 사람처럼 담요에 싸안고
눈물을 훔치며 가던 사람을 본 적이 있느냐

너는 그 적나라하게 뜨거운 얼음의 알몸을 만져본 적이 있느냐

깊은 밤에 깨어나 우는 사람의 눈물을 받아 먹어본 적 있느냐
그 굳센 얼음이 녹는 기분이 어떨까 생각해본 적 있느냐
그러니 잘 들어라 얼음아씨가 말하노니
너는 우박창고에 가본 적이 있느냐
다 녹아서 흘러가버린 우박창고에 우두커니
서 있어본 적이 있느냐

* 「욥기」 38장 22절.

얼굴

당신 속에는 또 하나의 당신이 들어 있습니다

당신 속의 당신은 당신의 몸을 안으로 단단히 당겨 잡고 있습니다 그래서 당신의 손톱은 안쪽으로 동그랗게 말려들고, 당신의 귓바퀴 또한 당신의 몸속으로 소용돌이치며 빨려들고 있습니다 당신 속의 당신이 당신을 당겨 잡은 그 손을 놓는 순간 당신은 아마 이 세상에 없을 겁니다

당신의 얼굴은 당신 속의 당신이 당신을 팽팽하게 당기고 있는 모습 그대로 굳어져 있습니다 가끔 그 얼굴이 당신 밖의 내 얼굴로 기울어지기도 하고, 당신의 두 눈동자 속에서 나를 내다보는 당신 속의 당신을 내가 느끼기도 하지만 당신 속의 당신이 당신을 당겨 잡은 그 손을 놓은 적은 한번도 없습니다 당신은 여전히 팽팽히 당겨져 있습니다 당신의 얼굴은 그 긴장을 견디느라 이제 주름이 깊습니다

당신 속의 당신은 또 얼마나 힘이 센지 내 속의 내가 당신 속으로 끌려 들어갈 지경입니다

당신은 지금 붉은 포도주를 한 잔 마시고 치즈를 손에 들었습니다

내 속의 나는, 치즈는 우유로 만들어졌다는 걸 상기합니다 그리고 곧 이어서 그 우유는 어느 암소 속의 암소가 내뿜은 걸까 고민합니다

혹 당신이 멀리 떠나 있어도 당신 속의 당신은 여기에 또 있습니다 나는 당신 속의 당신을 돌려보내지도, 피하지도 못합니다

아마 나는 부재자의 인질인가 봅니다*

내 속의 내가 단단히 나를 당겨 잡고 있는 동안 나 또한 살아 있을 테지만 심지어 나는 매일 아침 내 속의 나로 만든 치즈를 당신의 식탁 위에 봉헌하고 싶어집니다

* 알랭 핑켈크로트의 『사랑의 지혜』에서.

한 잔의 붉은 거울

네 꿈을 꾸고 나면 오한이 난다
열이 오른다 창들은 불을 다 끄고
아무도 움직이지 않는 밤거리
간판들만 불 켠 글씨들 반짝이지만
네 안엔 나 깃들일 곳 어디에도 없구나

아직도 여기는 너라는 이름의 거울 속인가 보다
발걸음이 떼어지지 않는다
고독이란 것이 알고 보니 거울이구나
비추다가 내쫓는 붉은 것이로구나 포도주로구나

몸 밖 멀리서 두통이 두근거리며 오고
여름밤에 오한이 난다 열이 오른다
이 길에선 따뜻한 내면의 냄새조차 나지 않는다
이 거울 속 추위를 다 견디려면 나 얼마나 더 뜨거워
져야 할까

저기 저 비명의 끝에 매달린 번개
저 번개는 네 머릿속에 있어 밖으로 나가지도 못한다
네 속에는 너밖에 없구나 아무도 없구나 늘 그랬듯이

너는 그렇게도 많은 나를 다 뱉어내었구나

그러나 나는 네 속에서만 나를 본다 온몸을 떠는 나를 내가 본다
어디선가 관자놀이를 치는 망치 소리
밤거리를 쩌렁쩌렁 울리는 고독의 총소리
이제 나는 더 이상 숨 쉴 곳조차 없구나

나는 붉은 잔을 응시한다 고요한 표면
나는 그 붉은 거울을 들어 마신다
몸속에서 붉게 흐르는 거울들이 소리친다
너는 주점을 나와 비틀비틀 저 멀리로 사라지지만
그 먼 곳이 내게는 가장 가까운 곳
내 안에는 너로부터 도망갈 곳이 한 곳도 없구나

오래된 냉장고

　나보다 먼저 내 발이 너에게로 가려고 하는 것, 필사적으로 참고 있다. 나보다 먼저 내 입술이 너에게로 가려고 하는 것, 나는 필사적으로 참고 있다. 벌써 이렇게 참은 지 수십 년. 생각해보니 참 묘하다. 내가 이렇게 참고 있었던 건 내가 내 소유의 냉장고를 갖게 된 후부터인 것도 같다. 그러나저러나 나는 생각해왔다. 내 머릿속은 얼음으로 꽉 차 있고, 내 차디찬 발을 만진 사람은 모두 기절한다. 내 가슴속에 들어오는 사람은 누구나 입술이 얼어붙는다. 그러니 여기서 한 발자국도 움직이지 말자. 아무에게도 손 뻗지 말자. 나는 또 이것도 잊지 말자고 생각했다. 그나마 내가 이렇게 필사적으로 참고 있으니 내 방 안에서 나뭇잎 하나 떨어지지 않고, 땅을 박차고 새 한 마리 날지 못하는 게 아닌가. 그러니 바람이 불어와도 필사적으로 220볼트의 콘센트 속에 손가락을 끼운 채 버티자. 얼어붙은 풍경화, 얼마나 아름다운가. 그 풍경 속의 얼음나라 얼음공주 얼마나 순결한가. 그러니 허벅지 밑으로 피가 조금 흘러내려도 금방 얼어붙을 테니 걱정 말자. 밖은 뜨겁고, 안은 시리다. 시리다 못해 팽팽히 끓는다. 문을 열면 화들짝 놀라 불을 켜는, 얼어붙은 창자들을 매단 겨울 풍경화 한 장. 태풍이 와서 정

전이 며칠째 계속되고 몸속이 전부 썩어 문드러지기 전
까지 몇십 년째 혼자 새침을 떨던.

칼의 입술

너도 참, 이마에 이슬이 맺혔구나
나는 너의 날이 선 이마를 손끝으로 스윽 밀어본다
네 몸은 내가 맞대고 누울 상처 하나 없이 날카롭구나
한 줄 번개처럼 지나가는 시린 너의 몸
네 입맞춤은 내 몸에 차가운 화상 자국을 남긴다

한 자루 날 선 초침이 내 몸에 꽂혀 있다
내가 그 초침을 안고 돌아누울 때
저 머나먼 별에서 멈추는 나의 비명
빛이 가득한 그 한 점 공중에서 우리 잠들 수는 없어
내 머리가 쏟아지는 비명의 별들로 저며진다

너도 참, 자르지도 못하면서 저미기만 하는구나
저 더러운 마당의 흙이 일일이 제 몸 저며낸
나뭇잎들로 자신을 표현하듯이
나는 얇디얇은 살점들처럼 아픈 그림자들을
일 초도 쉬지 않고 내 몸속에서 꺼내놓는다

잘 자라 검은 이파리들아
내 비명으로 자라는 내 검은 물결, 그림자들아

나 오늘 밤, 내 몸에 꽂힌 칼의 입술에
내 입술을 스윽 베어 문다.

나비

내 왼쪽 귀와 네 오른쪽 귀로 만든 나비 한 마리

두 날개가 파닥이면 맞잡은 전신으로 파문 진다

환한 날개 가루들로 네 꿈을 채워줄게
네 꿈속에 내 꿈을 메아리처럼 울리게 할게
귓바퀴 속 두 소용돌이가 환하게 공명한다

어쩌면 귀먹은 사람이 잠결에 들은 것 같은
그런 편지를 내 왼쪽 귀를 다하여 쓸게
네 꿈속으로 들어가 혈액을 다정히 흔들어줄게

이 세상 끝까지 날아가 다시는 돌아오지 않을 만큼
그렇게 가볍게 날개를 파닥일 수 있겠니?

문드러진 꽃처럼 피어난 우리 입술의 암술 수술로
우리가 키우는 이 나비 한 마리

나중에 나중에 우리 없는 세상에 뭐가 남을까?
우리 몸을 버리고 날아오를 저 나비 한 마리

우리 몸속에서 아직도 팔딱거리는 어둠처럼
  아직 생기지도 않은 저 멀고먼 쌍둥이 태아처럼

  두 손을 맞잡고 누운 침대 위
  우리는 두 귀를 맞댄 채 생생히 썩어가네
  우리 무덤 위로 바스라질 듯 두 귀를 팔딱거리는 저
나비 한 마리!

心臟

이제 완벽한 침묵은 서울 어디에도 없다
방에 녹음 중이란 불을 켜고
방음벽을 세우고 방음문을 닫는다
그리고 쉴 새 없이 내 속의 나무에서 떠드는
아나운서와 지저귀는 새들과
고요히 먼 하늘을 떠가던 철새들마저 내쫓는다
나의 하늘을 텅 비운다
그리고 혼자 헤드폰을 쓰고
텅 빈 방을 듣는다
여러 개 녹음해서 비교해본다

너와 내가 서울의 수백만 개 지붕들
그중의 어느 하나를 이불처럼 덮고 마주 서 있다
네 나무에서 사과를 따 먹으려 내가
내 나무에서 사과를 따 먹으려 네가
그러나 우리 중 누구도 각자의 몸속 사과를
따 먹을 수 있는 사람은 없다
다만 애타고 애타는 몸짓이 있었을 뿐
이때 지구상에서 멸종되고 없다던
숨어만 살던 침묵이 스피커에서 쏟아진다

내 몸 가득 도둑처럼 침묵이 올라온다
침묵을 먹고 몸속 사과가 익는다
누구나 다 아는 시시한 장면이지만
온 세상에 흩어져 숨 쉬던 관객들이
숨을 멈춘다(고 생각한다)

　교수대에 줄줄이 매달린 침묵을 입힌 필름들
　내가 녹음을 끝내고 참았던 숨을 내쉬자
　빗방울이 후드득 떨어진다
　사과나무의 새들이 우산을 받은 채 하늘 가장자리로 흩어진다
　千歲萬歲 벙어리인 뱀 한 마리 나무를 내려가 사라져 버린다
　나는 침묵으로 꽁꽁 포장한 비밀 한 꾸러미
　껍질이 벗겨지고 소리가 닿는 순간 상하고야말
　콩콩 뛰는 사과 하나를 양손으로 싸안고 녹음실을 나온다

입술

저 파도치며 달려온 산맥을
몸속에 담근 밤바다
그 밤바다를 수수만년
진간장처럼
달이고 달이면
가장 깊은 밑바닥에서
이것을 얻을 수 있다
세상에서 가장 부드러운

이것이
서로 맞닿으면 침묵의 인장이 되지만, 대신
몸속의 산맥들이 줄줄이 넘어지게 된다
네 몸이 네 얼굴 위에 매단 억만 겹의 꽃술
오므리면 뾰족한 가위가 되고
펼치면 해 저무는 저 바다가 되는
붉은

멀리서
내 입술이 활처럼 휘고
거기서 작은 올빼미들이 튀어나와

쉴 새 없이 네 이름을
부르는

O

우리가 마주 앉으면
우리는 O가 되어요
당신은 (가 되고
나는) 가 되어요
오늘의 전동차가 모두 떠난 지하철역
혹은 얼음처럼 차가운 바다 밑
그 속에 숨은 뜨거운 동굴
거기서 울어젖히는 뜨거운 알 하나
우리는 O가 되어요

당신과 나는 여기 두고
O가 산책을 나가네요
눈처럼 하얀 발자국, 발자국, O의 발자국
새벽처럼 투명한 발자국, 발자국, O의 발자국

제 본명은 O예요, 당신 이름은 뭔가요?
O의 뺨은 이제 그만 당기세요
당신들의 입술은 낙인처럼 아프고
당신들의 손톱은 독보다 독해요
얼마나 울었는지 O 속에서 목젖이 튀어나오네요

엄마 나는 O에 빠져 있어요
엄마 나는 사라져가고 있어요, 엄마 나는 무서워요
엄마 나는 나날이 해바라기하는 할머니처럼
바래지고 있어요
지하철 역사에서 미친 듯이 울어젖히는 O의 목소리
아무도 듣지 못하나 봐요

마주 앉은 우리를 여기 두고
O는 아직도 돌아오지 않아요
우리의 두 손이
얼음 조각의 두 손처럼 녹아내리는데
O는 아직도 돌아오지 않아요

움켜쥔 마침표 하나

내 주먹 속 작은 마침표 하나
내가 내 심장의 안전핀을 뽑아 움켜쥔 점 하나
현미경으로 보면 집채만 할지도 몰라
뇌염 모기처럼 주먹을 물어뜯고 있지만
육안으로 보면 그저 조그만 점 하나
돋보기 아래 어젯밤의 내 미친 방을 내려놓고
햇빛을 모아서 태워버렸어
정오의 태양 아래 타버린 그 방을 굳세어라
주먹 속에 넣고 혼자 서 있는 이 참담
담뱃불로 지진 살이 점점 가려워질 때
드디어 희망이 썩어버린 네 뒤통수
그 마침표가 가려워, 참을 수가 없어
밤을 수축시켜 제 그림자에 가둔 전구의 필라멘트를
움켜쥔 것처럼 뜨거워, 앗 뜨거, 견딜 수가 없어
피를 가득 머금어 드디어 정신이 나가버린
내 심장을 더 이상 이렇게 가눌 수는 없어

기상 특보

여름이 오려는가, 비바람이 세다
가로등이 켜지자 두 그루 라일락 나무가
마구 흔들리는 것이 보인다
나는 왜 어린 시절 라일락 나무 아래 두 개의 입술이
팥팥팥 붙었다가 팥, 팥, 팥 떨어진다고 썼을까
두 개의 입술이 포개지자 너는 무한해진다
무한해져서 오히려 사라져간다
나는 네 가이없는 몸속을 돌아다니면서 너를 줍는다
어둠 속에서 네 목을 움킨다 움킬 때마다
네 이파리들이 푸드덕거린다 나는 땅속에 묻힌 채
불빛에 번쩍거리는 네 손가락들을 주워 올린다
어둠의 화단에 우수수 떨어지는 네 이파리들
네 수천 개 귀들도 하염없이 주워 올린다
너는 안아도 안아도 다 안을 수가 없어 너는
두근거리는 무한이야 두 그루 라일락 나무가
천 개씩의 손을 내밀어 서로를 끌어안으려 휘청거린다
말 열 필이 이미 후딱 지나갔는데 말발굽은 아직도
라일락 나무 위에서 우르릉거리고
　저 멀리 동해쯤에서 우리를 두들겨 패러 진군해오는
밤 파도 소리

내 수만 개 눈초리로 만든 빗자루가 너를 쓸어 담는다
　후드득후드득 붉은 팥알처럼 떨어지는 핏방울들
　무슨 생각하는데 네가 묻자 나는 피 흘리는 귓불 하나
를 얼른
　입술 속으로 밀어넣으며 아무 생각도 안 해
　두 그루 라일락 나무가 가로등 아래 마구 흔들린다

그녀의 음악

바다는 지쳤어요
파도치기 지쳤어요
왔다가 갔다가 그러는 거 이제 그만 하고 싶었어요
축축한 바람이 온몸을 둘러싸고 놓아주지 않는 거
지구는 둥글어서 내 품도 둥글어서
내일인지 어제인지
똑같은 세월이 왔다 갔다 하는 거
똑같은 등대가 쉴 새 없는 밤낮처럼 켜졌다 꺼졌다 하는 거
저 머리숱 적은 섬의 발뒤꿈치 그 짜디짠 소금 맛을
혓바닥 속속들이 모두 모두 기억하는 거
이제 그만 지쳐버렸어요
너를 멀리 데려가줄게 속삭여놓고는
언제나 사랑만 하고 돌아가는
저 태양이 밤마다 몸속으로 기우는 거
모두 모두 지쳤어요

이 세상에서 제일 긴 이야기는
시바가 제 아내에게 들려준 70만 댓귀의
이야기의 바다, 먹지도 않고 자지도 않고

듣기만 하는데 500일이 걸린대요
시바의 아내는 얼마나 지겨웠을까요?
밤마다 체위를 바꿔가며 듣는 그 이야기
저 햇살을 가닥가닥 풀어
해가 뜨는 문양의 담요를 짜서
이제 그만 재워주고 싶었어요
해가 지는 수평선을 도르르 말아
붉은 장미 한 송이 그녀에게 갖다 주고도 싶었어요
바다는 지쳤어요
파도치기 지쳤어요
그래서인지 오늘 밤엔 내 방까지 몰려 들어와
찬 물결 시린 몸으로 왔다가 갔다가 그러면서 울었어요
나는 그만 저 바다가 너무나 불쌍해서
웅크린 몸 따뜻한 눈물 한 방울로
그 푸른 파도를 꼭 껴안아주었어요

박쥐

우리의 침대는 서로 다른 대륙에 놓여 있어서
내가 잠들 때 너는 일어나고
내가 일어날 때 너는 잠들지

어제 내가 보낸 두 손을 받아보았니?
네 아침의 대륙으로 보낸 나의 밤 선물
네 침대 밖으로 네 손이 툭 떨어지고
네 손을 서랍처럼 잡아끌던 뜨거운 열 손가락
너 놀라지는 않았니?
그런데 네가 그 손목을 잘라버린 건 아니니?
아, 지금은 없는 두 손목이 나는 거기서 아파

멀리 수평선 위로 핏방울 하나 떠오르면
희디흰 이불 홑청 위로 붉은 물이 아프게 아롱지고
입 안에 도는 피 냄새
내가 또 그 피거품 속에서
없는 두 손목을 들어 하루 종일 편지를 쓸 시간이야

 내 뜨거운 검은 주먹이 네 천장에 매달려 피를 말리고
있나 봐

너는 알고 있니, 내가 그 검은 피를 찍어 네게 이 편지를 쓴다는 거
　우리의 침대는 서로 다른 대륙에 놓여 있어서
　밤이 와야만 내가 너에게로 갈 수 있다는 거
　나는 지금 손이 없는데, 그 없는 손목이 내도록 아파

봄비

　네 생각만 하다가 내릴 곳을 놓쳤다
　세워주세요 벨을 누르자 비가 쏟아졌다
　길거리 사람들의 몸이 사선으로 기울었다
　내가 빗속으로 뛰어들자 그들의 비명 소리
　뛰어가는 사람들의 목구멍 속에서 말하는 새들이 고개를 내밀었다
　남의 몸에 살긴 싫어 그 새들이 소리쳤다
　남자는 여자를 따라가고 여자는 여자를 따라가고
　여자는 아까 그 남자를 따라 달려갔다
　버스에서 뒤따라 내린 아저씨가 나에게 언니 언니 부르며 따라왔다
　아저씨의 가슴 위에 꽂힌 손수건이 꺾인 꽃처럼 펄럭였다
　면역 시스템이 망가진 하늘이 기침을 해댔다
　허벅지 밑에선 이미 검은 반점들이 전신으로 번지고 있었다
　빌딩 꼭대기에 붙은 시곗바늘들이 일제히 오른쪽으로 기울고
　얼어붙었다가 지금 막 녹고 있는 진흙 덩어리
　못난 얼굴들이 땅바닥에 척척 떨어져 뒹굴었다

남의 몸에서 살던 새들이 일제히 날아오르며
침을 갈기며 마구 마구 소리를 질렀다
네 생각만 하던 내 머리통이 거리 전체로 번졌다

그믐

그날　밤, 내 몸에서 달이 다 빠져나간　밤
어항 속의 금붕어도 발발 떠는　밤
별들이 우물물을 정수하다 말고
우물 밑바닥에 납작 엎드려
새끼고양이처럼 가르릉거리는　밤
어디에서도 너를 찾을 수 없는　밤
밤나무의 모든 밤이 저절로 떨어지는　밤
잊혀진 천문대가 숨어들어오는 UFO들로 정신없는　밤
내 몸에서 빠져나간 달이 죽어버린　밤
내 전화벨 소리가 네 방을 태워버리는　밤
강물들이 내 속에서 터지는 비명들을 이기려고
아주 아주 시끄러운　밤
마을 불빛들이 항복 항복 하고 하나씩 꺼져버리는　밤
네 안의 주름 속에 숨어 있다 걷어차인　밤
어둠이 너를 착착 접어서 주머니에 넣고 내놓지 않는
밤, 그날　밤
　저 어둠의 장막을 내 비명의 날로 내리그으면
　그 칼자국 사이로 싸늘한 빛 한 파람
　팽팽히 터져 들어올 것 같은 밤, 그날　밤

저 붉은 구름

이제, 마셔버린 물처럼 그렇게
너를 지워버릴래
내 몸에서 솟아오른 붉은 저녁의
아픈 바위에 걸터앉아 혼자서
혼자서만 입술에 붙은 그 노래를 부를래
모든 기억이 사라져도 세상에서
제일 가벼운 노래만은 남는 법
불러도 불러도 핏줄기에 땀방울이 맺히도록
그렇게 슬프거들랑
그만, 이 붉은 벼랑에서 뛰어내릴래

내 몸속에서 너와 다니던 길들이 터져
검은 피, 흐르기 전에
슬픔의 푸른 상자는 못질해 저 공중에 감춰둔 채
이승에서 우리는 만났으나 그 무엇이
우리를 반쯤은 어디론가 데려가버렸는지
온전히 만나지도 못했던
그 안타까움의 절정에서 그만 사라져버릴래

땅은 늘 우리를 담으려 열려 있고

바람은 늘 우리를 갈라놓겠다고
맞잡은 손 가운데로 불고 있었으니
너무 가벼워 숨 막힌 그 노래
누군가 채록해가기 전에, 그만
이제 그만 이 몸의 붉은 벼랑에서 뛰어내릴래
노을이 지기 전에

제2부

낙랑공주

　그녀가 온다. 북을 둥둥 치며 온다. 하늘의 고막을 둥둥 울리며 온다. 벼락을 안고 오는지 대문이 저절로 무너진다. 그녀가 온다. 한 발자국 한 발자국 내디딜 때마다 그녀의 마음이 내게로 온다. 내 마음이 둥둥 울린다. 이렇게 두꺼운 아버지의 고막을 찢고 그에게 가리. 나는 마치 바다를 깔고 누운 것 같다. 커튼을 치고, 뇌파를 차단하고, 아아 그녀가 떠들썩한 텔레비전 방송국을 망치로 내리친다. 베개에 피가 번진다. 내 온몸의 세포가 나를 떠나려 한다. 심장이 번개처럼 갈라진다. 나는 벼락 맞은 땅처럼 아프다. 그녀가 온다. 내 몸속으로 온다. 일곱 시간째 걸어온다. 파수병이 깰 것이다. 아아 아버지의 군대도 깰 것이다. 달이 잘 당겨진 북처럼 팽팽한 하늘을 텅텅 친다. 그녀가 온다. 태풍의 눈을 둥둥 두드리며 온다. 나는 그녀가 잘 지나가라고 내 몸을 판판하게 펴준다. 내 몸 위로 말발굽이 지나간다. 그녀의 날 선 칼이 내 눈 속에서 번쩍한다. 어디선가 전투기들이 출정한다. 멀리서 온 태평양 함대가 전멸한다. 텔레비전 방송국이 폭발한다. 궁성의 우물들이 넘쳐흐른다. 그녀의 눈 속에서 샘물이 철철 솟아 흐른다. 검은 별들이 비 오듯 쏟아진다. 물쥐들이 머릿속을 갉아먹는다. 그녀가 온다.

아직도 온다. 아버지의 궁성이 땅속으로 꺼지고 거기서 연못이 솟아오른다. 수양버들이 미친 듯 흔들린다. 그녀가 온다. 천둥 번개를 안고 온다. 아버지의 북이 둥둥 울릴 때마다 내 안의 병사들도 출정한다. 내 몸속에서 시냇물처럼 소리치며 쉼 없이 흐르던 칼의 바다. 그녀가 나를 부른다. 그녀의 쓰라린 맨발이 둥둥 내 빈 가슴을 울린다. 내 몸속 우물이 철철 넘쳐흐른다. 아 아버지, 이 북을 찢고 그를 만나리. 그녀가 울면서 온다

1306호

악몽이 배달 온다
방으로 돌아와 옷을 벗을 때마다
온몸의 뼈가 살을 짓찧고
나올 것만 같아

악몽이 배달 온다
빈 책상에 놓인 국화 꽃다발
신발 좀 질질 끌지 마
어린 여자아이 하나 긴 복도를 걸어온다
아픈 살로 만든 길만 디디고 온다

악몽이 배달 온다
검은 풍선 하나가 내 속에서 나와
나를 향해 달려오다 말고 눈앞에 멈춘다
그 속에서 내 몸에서 떠났던
평생의 머리칼이 쏟아진다
이미 죽어버린 전화기 이미 죽어버린 형광등
이미 죽어버린 텔레비전 이미 죽어버린 거울
이미 이름을 잃은 것들이 꿈길에서 살아온다

크레인에 실린 관이 몇 시간째
공중에 매달려 흔들리고
오토바이 멈추는 소리 계단을 뛰어오르는 소리
내가 네 속에서 죽나 보다
친구들이 흐느끼고 선생님도 흐느끼고
공중에 매달린 내 방이 몇 시간째 흔들리고
내가 죽을 때 입은 상처가 또다시 벌어진다

나는 불 다 꺼진 아파트 밖으로 뛰쳐나가
악몽의 성채를 올려다본다
아파트의 창들이 서랍처럼 열리더니
비가 안에서 밖으로 쓰레기처럼
쏟아진다
악몽이 배달 온다

유화부인

나는 늘 한 여자를 구해주는 상상을 한다
그 여자의 손을 잡고
그 여자를 품에 안는 상상을 한다
나는 늙어도, 늙지도 않는 여자
언제나 같은 여자
꿈속으로 들어가면 늘 나를 기다리던 그 여자

서치라이트처럼 쏟아지는 햇빛에 쫓겨다니다
그 빛에 강간당해 날개가 다 타버린 여자
나는 죽은 얼굴에 밤마다 미백 크림을 발라준다
아기를 가졌다고 아버지에게 잡아 뜯겨
한정 없이 입술이 풀어진 여자
바위에 눌려 깊은 물속에 처박힌
물새같이 가련한 여자
나는 그녀의 끝없이 풀어지는 강물의 입술로 시를 쓴다
급기야는 도망가다 감옥에 갇혀 알을 낳은 여자
(아버지는 그녀의 아기를 돼지에게 주었다지만)
나는 그녀가 낳은 알뿌리를 옮겨 심고
거기에 꽃처럼 맺혀 서 있다

나는 늘 한 여자를 구해주는 상상을 한다
나는 그 여자의 손을 잡은 것처럼 내 손을 잡기도 하고
나는 그 여자를 숨긴 것처럼 내 얼굴을 어루만지기도 한다
언제나 같은 여자 늙지도 않는 여자
이야기 속으로 가라앉기만 하던 여자
아직도 내 몸 밖으로 한번도 나와보지 못한 그 여자
나는 그 여자의 몸에 베이비오일을 발라준다

그녀의 내지르지 못한 비명이 엎어진 건가 붉은 하늘이 지자
그녀의 손톱이 후벼 파놓은 상처인가
한밤중 쓰라린 초승달이 뜬다
나는 또 한 여자를 구해주는 상상을 한다

물거미의 집

　당연히, 하늘에서 비가 쏟아졌다
　(그러나 젖지는 않았다)
　그녀는 집으로 가는 버스를 탔다
　(그녀는 집이 없었다)
　버스 안의 사람들은 다 집이 있었다
　(그러나 그녀는 집이 없었다)
　만화처럼 칸칸이 나뉜 버스의 창
　(번호를 매단 낭떠러지들이 빵빵 경적을 울리며 달려갔다)
　곧 종점에 닿았다
　(그러나 사실 버스는 종점이 없었다)
　그녀는 집 앞에 멈추었다
　(그네 위에 걸린 것처럼 흔들리는 그녀의 집)
　그녀는 가만히 얼굴을 말아 두 다리 사이에 집어넣었다
　(그녀는 두 다리가 없었다)
　그녀의 몸속에 집이 숨어 있었나?
　(집이 그녀의 멱살을 잡았다)
　발 닿는 곳마다 집이라고, 그렇게 그녀는 믿었을까?
　(그녀의 집엔 이불을 펼 바닥이 없었다)
　그녀에겐 길이 곧 집이었을까?

(그녀가 우두커니 집을 들고 서 있었다)
지붕 위로 쉴 새 없이 파문이 번져갔다
(그녀의 집엔 지붕이 없었다)
정수리를 타고 그녀의 집이 핏물처럼 내려왔다
(누가 그 집을 당겨버렸나?)
문짝들이 와르르 쏟아졌다
(그러나 사실 그녀의 집엔 문이 하나도 없었다)
쏟아진 문들이 하류로 흘러갔다
(강이 그녀의 문들로 빽빽했다)
조용히 강물 속으로 무너져 내리는 그녀의 집
(너는 어디에서 한평생 살다가 왔니?)
하늘에서 비가 평생토록 쏟아졌다
(그러나 젖지는 않았다)
그녀마저 들어가 살 수 없는 그녀의 집
(그녀의 눈가로 방울방울 맺힌 그녀의 집)

새가 되려는 여자

꿈속에서 울어본 적 있나요
너무 울어서 잠에서 깨어났는데도
저 바다 밑 깊은 곳에서
윙윙 목소리가 올라오는 것처럼
아무도 내가 부르는 소리
못 알아듣던, 그런 적 있었나요

꿈속에서 도망친 적 있나요
올라가도 올라가도 어딘가
도착하지는 않은 적 있었나요
꿈속에선 늘 갔던 곳인데
내려가는 에스컬레이터를 타고
올라가는 것처럼 그렇게
힘든 적 있었나요 그런 적 있었나요

그러다가 그러다가
그만 당신에게 덥석
잡아먹힌 적 있었나요
이상하지요
당신이 날 잡아먹었는데

내가 당신 속에 있는 것이 아니라
당신이 내 속에 날아든 것 같았어요
당신의 얼굴이 새처럼 작아지고
그 새가 내 몸속을 날아다녔지요

내 심장 기슭에 올라앉아 그 가느다란 손가락으로
핏줄을 움켜쥐더니 정맥의 강가에 열꽃을 피웠지요

이상하지요
그 작은 새가 내 몸속을
덩굴 식물처럼 감아버릴 수 있다니
숨이 차요 당신이 내 몸에서
산소를 다 마셔버렸나 봐요
너무너무 숨이 차면 부웅 날아오를 수 있다는 거
아셨나요

그런데 참 꿈속에서 새가 된 적 있었나요
눈알이 쏟아질 듯 불거지고
쪼그려 앉은 무릎이 펴지지 않던 적 있었나요
무엇보다 날개가 돋으려는지

휘젓는 팔이 한없이 펄럭거린 적 있었나요

아무래도 내가 새가 되려는가 봐요

태풍의 눈

청량리 정신병원 앞
미루나무 한 그루 땀에 젖은 머리칼 흔들어댄다
미친 새들의 머리칼로 짠 밤바람 부는가
나는 거기 불 켠 창문마다 아이들을
하나씩 부려놓고 나온다

가슴이뭉개진아이 폐의숨구멍마다돌이가득찬아이 열손가락이다찢어진부챗살처럼너덜거리는아이 두입술이붙어버린아이 눈알이다녹은아이 이빨을다갈아버린아이 갈비뼈가다빠개진아이 머리털을다뽑혀버린아이 무엇보다피가하수구로다빨려나간아이 껌처럼혀가풀어진아이 고양이한테뇌수를다빨려버린아이

미친 새들이 서로 볏을 붙이고
밤하늘 둥그렇게 난다
숲 속 작은 집 창가에 작은 아이가 섰는데
토끼 한 마리 달려와 문 두드리며 하는 말
그들의 노랫소리 들려온다
살려줘요 살려줘요
끊이지 않는 딸꾹질처럼 내 멱을 따는 노래

미친 새들의 머리 한가운데
내 몸속으로 다시 돌아와 드러눕고 싶은 내 아이들
그 아이들을 태운 배 한 척 조용히 불 켜고 떠 있다

꿈속에 꿈속에 꿈속에

지금 마악 목욕탕에서 나온 엄마
우리 엄마의 피부처럼 땀 송송 맺힌 수면
그 위에 내 푹신한 베개를 걸쳐놓고 드러누우면
아직도 태어나기 전의 나
그 붉은 아기 손가락 빠는 소리
달님이 고요히 떠올라 내 이불을 들치면
잠든 엄마의 숨소리에 맞춰 진동하는 내 창틀
가늘게 떠는 커튼 자락
네 살 속의 뼈마저 만져보고 싶어
달님이 내 눈동자 수심 깊이 들어와
핏줄마다 흐르는 물고기떼 어루만지네
여기는 분명히 엄마의 잠 속인가 봐
출렁거리며 주름지는 파도
바다에서 바다를 낳으려고 몸 풀고 있는 파도
내 몸을 밀물처럼 낳았다가 썰물처럼 끌어안고
다시 또 밀물처럼 끌어안는 엄마의 잠 속
아침이면 햇님 떠올라 붉은 양수로 가득 감쌀 내 몸
한밤 내 어루만지는 엄마와 엄마와 엄마들의 물결
그 위에 내 푹신한 베개를 걸쳐놓고 드러누우면

백년 묵은 여우

나는 이번 생에 복숭아 하나 얻으러 왔어
당신이 떠나가며 한 모금 울컥 뱉어놓은
그 붉은 얼룩, 그것을 구하러 왔어
당신은 저 유령들의 세상에서 병들어 있다는데
나는 눈 내리는 이 겨울밤 이 얼어붙은 골짜기
그만 눈밭에 홀려버렸나 봐
어디에 있는 거야?
이 눈밭을 한 바퀴 돌고 나면 붉은 아기는
하얀 할머니 되고 하얀 할머닌 붉은 아기 된다는데
복사꽃 난분분 난분분 흰 눈은
밀려오고 다시 또 오는데
가도 가도 희디흰 백지
발자국 남기자마자 지워지는 내 평생의 족적
저 땅속 깊은 곳 어디선가 눈뜨는 핏발 선 눈동자 하나
벌어진 내 자궁 속에서 튀어나온 그 뜨거운 것
연필은 똑 부러지고, 숙제는 많은데
그런데 정말 어디에 있는 거야
어디선가 복숭아 향기 그윽이 오는 것만 같은데

구멍

화장을 지우고 나자 구멍이 걸어 들어왔다
나는 소파에 앉아 팬티스타킹을 벗으며
그 구멍을 바라보았다
일 미터 육십 센티 정도 되는 구멍이었다
구멍은 밥도 잘 짓는다 하고
구멍에서 아기가 튀어나온 날도 있다 했다
그러나 구멍은 속에다 침을 치익 갈겨도 잘 모른다 하고
몇십 년째 검은 구름 한 마리가 넓적다리에 걸터앉아 있어도
아랑곳하지 않는다 했다
멍청한 것 같으니라구, 걸어다니는 연옥 같으니라구
나는 구멍 속에다 먹다 남은 미역국을 홱 쏟아 부었다
정말 구멍은 아무것도 아니다 바보다 그러나 깊다
사랑니를 뽑고 나니 그 자리에 일 미터 육십 센티짜리 구멍이 파였다
그러나 문제는 조금만 틈이 보이면 구멍이 구멍 속으로 한없이 빠진다는 데 있다
구멍의 끝은 어디인가요?
세상의 모든 연못물을 다 들이부어도 여전히 구멍인 구멍

사람들은 알까, 구멍도 화장을 한다는 거
번개에 감전되면 울기도 한다는 거
구멍의 입속엔 구멍을 못 견디는 빨간 혀가 숨어서
오오오 소리 반죽을 만들 줄도 안다는 거
침대에 오래 누워 있으면 구멍은 더 악화된다
다시 말하면 한없이 한없이 구멍이 깊어진다
아침에 일어나면 구멍이 흘린 눈물인지
베개 위에 얼룩이 조금 번져 있다

판화에 갇힌 에우리디케

눈물이 밖으로 나가지 않으면 어떻게 되는 줄 아세요?
그 눈물이 안으로 들어와 나를 얼려요
눈 내리는 밤 얼어붙은 사람의 몸처럼
내 몸에 꼭 맞는 감옥이 있나 봐요
잠에서 깨어나 감옥의 목구멍 밖으로
소리를 지르지만 입술이 얼어붙어요
비명이 입술에서 떨어지지 않아요
소리마다 생각이 들러붙어 떨어져 나가질 않아요
나 팔, 내 팔, 내 파아…… 내 파아알
파아아아아알을 치워줘요
혀는 구들장 밑에 숨어버렸나 봐요
진땀이 처마 밖으로 얼어붙어요

누가 커튼을 걷고 나갔나요?
커튼 밖에는 아침마다 날 들여다보는
창문보다 큰 눈동자 하나
내 방을 이리저리 굴리고 있네요
반쯤 얼어붙은 새 한 마리
그 눈동자를 가로질러 떨어지네요

세상으로부터, 이 세상으로부터
제발 죽어 넘어가게 내버려둬요
홈에 끼인 축음기의 바늘처럼
나는 나라는 덫에 걸려 떨어진 새!
얼굴이 붉게 달아오르고
내 몸이 얼어붙은 본드 주머니처럼 나를 조여요

도와줘요 도와줘요 의사 선생님 도와줘요
영안실 아저씨 도와줘요
시계 공방 아저씨 달력 공장 공장장님 도와줘요
아아, 제발, 당신들의 재단 칼로
이 판화에서 나를 꺼내줘요

시 같은 거

나는 오늘 멀리 잔다
멀리 잠들어선
꿈의 골짜기까지 헤엄쳐 가선
미역 줄기들을 훑어 온다
그러나 아침이 오기 전에 이것들을 돌려보내야 한다
그렇지 않으면 햇빛 속의 생미역만큼 처참한 건 없다
바다 속에서 은밀한 음악처럼 출렁이던 것
검푸른 조명 아래 싱싱한 춤 속에서 한 줄기 뽑혀 나온 것
그러나 근엄한 전당 대회장에 갑자기 터져버린
나의 시 낭송 테이프처럼
비참하게 들러붙다 팽개쳐지는 것
줄기에선 진액이 간질 환자의 침처럼 쏟아지고
이파리들은 백 사람의 가래를 받은
머리칼처럼 구둣발 아래 처박힌다
바다 속에서 나왔다가 썰물 때를 놓친
어떤 미친년이 땡볕의 거리를
침을 퉤퉤 뱉으며 시팔 시팔 걸어간다
꿈의 골짜기에 들어가면
늘 나를 기다리던 그 여자, 무도회의 밤을 서성거리던

여자
  오늘 아침 검게 썩어서 아스팔트 바닥에 문드러진다

BASKIN ROBBINS 31 대학로점

　아랫배 불룩하게 달 가진 엄마와 딸이
　손잡고 BASKIN ROBBINS 31 들어가네
　엄마는 검은 달 뜬 지 17일째, 찌그러진 보름달, 체리 주빌레
　딸은 검은 달 뜬 지 13일째, 이제 막 부풀기 시작하는 보름달,
　피스타치오 아몬드를 주문했네
　룰루랄라 살짝 새벽빛이 도는 볼록한 박하향 상현달 위에
　피스타치오 아몬드 가루 주근깨처럼 뿌려져 딸의 손에 먼저 들려지고
　낮과 밤이 경계 없이 몸속으로 넘나드는 보랏빛 시간
　주책없이 먼저 뜬 하현달 위에 남몰래 흘리는 붉은 눈물
　살짝 핏빛이 도는 체리주빌레 엄마 손에 들려지네
　우리는 각자의 달을 핥으며 크리스마스이브 날 마리아의 배처럼
　부푼 하늘을 손가락질하네 우리가 여기 있는지 어디 있는지
　관심도 없는 마리아의 달이 먹구름 속에서
　검은 달 뜬 지 40주, 만삭의 몸으로

망고 탱고 혼자 홀짝거리네
웨스트사이드 스토리 포스터 속에서
포스터 밖으로 튀어나올 듯 춤추는 사람들
종이 속에서 들리는 여자의 터질 듯한 거친 숨소리
저 여자는 분명, 검은 달 뜬 지 하루나 이틀
민트 초코칩 그거 좋아할 거야 우리는 깔깔거리며
각자의 달을 녹여 먹으며 대학으로 걸어가네
제 그림자를 탈출하려는 듯
짧게 자른 교복 치맛자락을 마구 흔들며 몰려가는 아이들
체리 아모르, 레인보우 샤벳, 아몬드 봉고, 씬 민트칩
쟤네들 누구의 뱃속에도 같은 달은 뜨지 않아, 너 그거 알아?
영화 본 다음엔 뭘 먹을까, 붉은 돼지가 자신의 치맛살을 다져 만든
스테이크를 공터 곁 숯불 위에서 굽고 있네
얘야 느껴지지 않니 아무래도 저 달에 지진이 났나 봐
양수가 터진 달이 손가락 사이로 질질 녹아 흐르고
누군가 버리고 달아난 자동차의 깨어진 뒷창문 밖으로
튀어나온 고양이가 먹구름 속에서 터진 달을 홀짝거

리는 소리
    동숭 시네마텍 의자 아래엔 피 묻은 생리대, 엄마의 뱃속에서
    화면 밖으로 금방 태어나온 태아가
    빨리 늙는 병에 걸려버렸는지 어쨌는지
    털북숭이 아저씨가 되어 제 엄마를 깔아뭉개네
    어린 딸이 초콜릿 바의 포장을 벗기자 검게 얼어붙은 혀가
    딸의 입술을 깨물고 엄마와 딸의 소리 높은 비명!
    한 달 내내 단 하루도 같은 달이 뜨지 않는 엄마와 딸의 하늘처럼
    한 달 내내 단 하루도 같은 아이스크림을 먹지 않아도 되는
    BASKIN ROBBINS 31, 분홍색 불을 켠 집은 밤새도록 환하고
    영화가 끝나도록 각자의 봉긋한 하늘을 핥아 먹는 이 맛!

암탉

  비가 자판을 두드린다 피나게 두드린다 붉은 흙이 팅팅 솟아오른다 나무들이 넘어가고 물 들어찬 닭장 속의 닭들이 벌벌 떤다 그녀도 자판을 두드린다 피나게 두드린다 어찌나 세게 두드리는지 그녀의 두개골 위로 붉은 살 꽃이 핀다 심장을 머리 꼭대기에 올려놓았나 벼슬이 깃발처럼 펄럭거린다 저 방의 전등은 언제 한번 꺼져보았나 불 밝힌 창이 비명을 지른다 그녀의 이빨 타자기가 쉬지 않고 종이 위로 모이를 주워 나른다 그녀는 머리를 숙이고 이마를 짚어본다 오늘은 세 명의 여자가 집을 나갔다 그들은 울면서 닭장을 떠났다 어디로 실려 갔는지 여러분은 알 것이다 그녀는 열 손가락을 벌려 책상을 그러쥔 채 한 알 한 알 눈물을 타닥 타다닥 찍어 올린다 비가 잠시 그치자 밤이 찾아온다 사랑하는 그의 구두가 창밖에서 후드득후드득 떨어지고 그녀는 자판을 두드리면서 알을 낳는다 그녀가 낳은 알을 컨베이어 벨트가 냉큼 실어 간다 밖으로 나가선 안 돼 아픔의 책인 그녀의 몸은 오늘도 피 흘리며 살갗 한 장을 겨우 넘겼는데 그녀가 부리로 쪼아서 만드는 이 달력은 아직도 페이지가 넘어가지 않는다 그녀는 왜 아무도 보지 않는 이 달력을 날마다 쓰고 있나 그녀의 눈이 자고 싶어 아래에서 위로 천천히 감긴다 그러자 기다렸다는 듯 창밖에서 비가 또 자판을 두드리기 시작한다 유리창으로 피가 튄다 그녀의 눈이 번쩍 떠지고 그녀의 아픈 핏줄로 감아 만든 그녀의 심장이 머리 위에서 움찔 피를 흘린다 벼슬이 한 번 더 빨개진다

거미

벙어리 여자가 창틀에다 수를 놓는다
한없이 떠는 숲과 소용돌이치며 끓는 늪
몸부림치는 강물의 살점들
부르짖으며 터지는 강둑 하나, 둘
몸속의 어깨뼈가 툭툭 부러지는 나뭇가지
다 빠져 흩날리는 그 여자의 검은 머리털들

밤새도록 여자가 칠흑 속에다
그 머리털들로 수를 놓는다
수금의 현을 쥐었다 놓듯이

죽음에 갇힌 여자가
무덤 속에서 머리를 묶었다 풀듯이
풀었다 다시 묶듯이
가슴속 붉은 실타래를 미친 듯 감아올린다

벙어리 여자의 눈에서 불길은 타오르고
여자의 손가락이 바늘처럼 창을 찌른다

창밖 저 멀리 철망에 걸린 채

밤새도록 흐느끼는 그의 맨발 한 켤레

여자가 밤새도록 창틀을 틀어쥐고
수를 놓는다 한없이 떠는 숲과 소용돌이치며 끓는 늪

문익점

그리운 패션, 입고 싶다
우리 엄마 꽃무늬 저고리에 검은 통치마
검은 출석부 가슴에 품고 아이들 가르치러 가면
내 새벽잠 속에서 피어나던 흰 포플린 위에 분홍꽃 촘촘

병든 내 온몸에 스멀거리며 피어나던 꽃송이들
한 줄기 바람이 꽃송이 송이마다 묶여서 기침하고
달밤에도 잠들지 않는 개미떼 뼛속 가지마다 스멀거려
그 가려운 꽃으로 실을 자아 네 벗은 몸 덮어줄게

  매화인지 목화인지 밤에 젖은 꽃들이 촘촘히 휘날리는 원피스 한 벌
  입고 싶다, 나는 생 뽈의 일요일, 문 닫힌 쇼윈도 앞에 붙박혀 서 있네
  그 무늬를 들여다보고 있으려니 내 가슴속 어느 갈피에서 쏟아진
  그리운 풍경이 내 몸을 씻어줄 것만 같아

  문익점은 생각했을까
  저 꽃 피는 밤 풍경을 붓 뚜껑에 숨겨 가서는

그 붓으로 밤새도록 써 내려가면 옷 한 벌 지을 수 있을 거라고
꽃송이로 가득 채운 이불 덮어 그 사람 따뜻이 재울 수 있을 거라고
그럴 거라고 생각했을까

낯선 거리를 지나다 말고 나는 꽃무늬 원피스 한 벌
입고 싶다, 저 꽃씨들 붓 뚜껑에 담아가고 싶다 하염없이 바라보네
저 원피스 입으면 혼령결혼식을 올린 영혼들처럼
내 원피스 속에서 너와 함께 내가
저 머나먼 밖을 내다볼 수 있을 것만 같아
매화인지 목화인지 밤에 젖은 저 꽃들에 홀려 서 있네

깃발

만봉 스님이 만다라를 그리신다
내 평생의 치마, 그 색을 다 갖다 쓰시고도 모자란지
장롱 속 치마도 다 갖다가 쓰신다
아이구 이쁘기도 해라
친정집 떠나 방방곡곡 아기 낳고 새살림 차렸던
엄마들이 다 돌아와 재미있게 구경한다
절집 마당은 넓고넓고 풍경은 뎅그렁뎅그렁하는데
처음으로 색색 날개 치마 차려입은 추석날
바람 속에 설레던 소녀 적 그 아침처럼
빙 둘러서서 포르릉포르릉 한마디씩 한다
조금 있다가 만다라 다 그리신 만봉 스님이
그 모래 치마들 몽땅 쓸어다 바람에 날려버릴 줄도 모르고
이쁘다고 이쁘다고 그런다
보살님들 저리 가세요, 여기가 어디라구
싸리빗자루 든 공양주 보살이 쫓아낼 때까지
평생의 치마들 다 벗어 갖다 바치기라도 할 듯
지지배배 지지배배 새파란 처녀들보다 시끄럽게 그런다

붉은 이슬 한 방울

저 머나먼 공중에 벙어리 방이 하나 떠 있어요
온몸의 구멍을 내 눈물이 다 막아버려서
구멍이 하나도 없는 방이 하나 떠 있어요
걸을 때마다 바닥이 물컹물컹 소리치는 방
내 피부 같은 물 도배지를 바른 방
나는 그 방에다가 밥상을 차렸어요
아버지가 집에 돌아올 때면
밥상 위의 그릇들이 벌벌 떨었어요
그래도 나는 벽장 속에다
갓 태어난 물방울 아가들을 숨겼어요
누군가 손가락 끝으로 누르기만 해도
기둥조차 없어 저절로 터져버릴 방
천장도 창문도 없어 하늘이 그대로 눈부시지만
내 날갯짓 멈추어버리면 한없이
곤두박질쳐버릴 그 방이 하나 떠 있어요
아무도 모르게 나 혼자 너를 사랑하는 방
그 방이 하나 한없이 떨면서 떠 있어요

그녀의 지휘봉

사랑에 빠진 나비가 어둠 속을 날아간다
어쩌자고 잠도 안 자고 밤중에 돌아다니는 건지

달도 없는 밤 강물이 입술을 달싹거리는 소리
길가의 나뭇잎들이 땅속에서 길어 올린 추억에 잠겨
몸을 떠는 소리

강물 속에서 조약돌들이 몸을 떨기 시작하자
바위들의 억센 피부마다 소름이 돋는다

소프라노가 테너 위로 올라서자
관객 속에서 터지는 느닷없는 고함 소리
파닥거리던 그녀의 지휘봉이 흠칫 몸을 떤다
나비 한 마리에 묶인 음악당이 밤하늘로 이륙한다

바람이 연주하는 길고 검은 피리 소리
창문이 덜컹거리고 복도가 소라고둥처럼 도르르 말리고
도시의 골목들이 뜯어진 옷고름처럼 날리다 말고
공중에 나선형으로 치솟아오른다
아기들 잠든 방들이 부서지고

길 잃은 바람이 뒤돌아보며 높이 높이 울부짖자
자동차들마저 길 밖으로 튕겨져 나간다
클라리넷과 모든 관악기가 불꽃을 길게 내뿜는다
모든 聲部들이 몸을 맞대고 떤다

사랑에 빠진 나비가 태풍 속을 난다
치솟아오르다 쓰러지고 다시 쓰러지는 나비 한 마리
미쳐버린 오케스트라를 공중에다 팽개친다

나는 창문을 열고 우리 아파트 옥상까지 찾아와
투신자살한 젊은 여자의 시신을 오래, 오래 내려다본다

태풍의 눈처럼 거대한 고막이 풍경 속을 떠돈다
나비가 이제 그만 사랑을 검은 관 속에 가두었나

나비는 보이지 않고 느닷없이 검은 피아노가 열리고
수천만 개로 쪼개진 나비의 떨리는 살점들이
강물 위로 쏟아지기 시작한다

제3부

슬픔

하나님이 바다의 목장에 소를 길렀다
바다소들은 유유히 풀을 뜯으며 잘도 자랐다
목동도 없었고, 울타리도 없었고
우리는 눈 뜨고도 볼 수 없었지만
머리마다 하나님의 낙관이 찍혀 있었다
밤이 되자 하나님이 피리를 불었고
푸른 소들은 모두 거두어졌다
하나님 혼자 그 푸른 소들을 후루룩 다 드셨다

내가 그 소 한 마리를 몰래 훔쳐다가
한 손으로 양의 입을 막고
한 손으로 양의 심장에 구멍을 내어 고기를 취하던
몽골 사람에게 주었다
그가 말했다 이 소는 바다 것입니다
털도 살도 없지 않습니까 우리는 바다 것은 먹지 않습
니다
그건 전신이 눈물인 분의 것이지요
그가 잡은 양은 피 한 방울
비명 한 방울 없이 껍질이 벗겨졌다

이번엔 하는 수 없이 내가
그 푸른 소 한 마릴 다 드셨다
내 몸에 푸른곰팡이가 확 슬고
나는 도통 추위를 못 느끼고 영하의 거리를 쏘다녔다
눈에서 자꾸 소금 결정이 각 져 떨어지는 것 말고는
어딜 가나 바다가 내 두 귀를 잡은 채
하루 종일 철썩거렸다
잠을 토옹 잘 수 없었다

분수

쉬지 않고 붉은 물 끌어 올려야만
살아갈 수 있는 나무 한 그루
너를 바라보는 이 두 눈만 빼놓고
몽땅 흐느껴야만
살아갈 수 있는 몸, 그러다가도
아, 차가워
눈물이 이파리처럼 밖으로 튀기도 한다

오늘 밤 이 시각 시청 앞 지하도를 올라가는
알코올에 절여진 붉은 나무 두 그루
손잡고 제발 치근대지 좀 마! 후드득 침 튀긴다
시청 앞 분수는 마치 서울 시민의 자살을 막아주는
프로그램을 가동시키는 것만 같아, 그것도 웅변적으로
아 차가워, 가끔 눈물이 튀는 분수 둘레를
자동차들이 하루 24시간 쉬지 않고 돌고
프라자호텔 스카이라운지에 앉아
저 산도 저 구름도 저 폭풍우도 모두모두 지나왔어
비행 양호 괜찮아 괜찮아 나의 블랙박스는
오늘 밤 그렇게 기록했고, 후렴으로
어느 날 단번에 죽기 좋은 순간이 올 거라고 입력했다

땅속에서 끌어 올린 물 삼키지 않으면 금방 스러질 나무
하루 24시간, 1440분, 86400초
저 바닥에 쏟아진 물처럼 흥건해지지 않으려고
강물처럼 흘러가버리지 않으려고
온몸으로 붉은 피 끌어 올려
희디흰 물뼈다귀 세우는 나의 주문
알뿌리를 머리에 두고 날마다 붉은 피
치밀어 올리는 이 불쌍한!
물구나무 한 그루의 주문
쏴!

Detective Poem

1
처음에 나는 그것이 나뭇잎 한 닢인 줄 알았다

가을 나무가 한정없이 한정없이 쏟아지다가 벼랑에 붙인 한 닢

밤새도록 등불을 찌르다 찌르다
아침을 맞은 더러운 나방이처럼 헐떡거리는
평생 독을 마신 간 한 닢처럼 펄떡거리는
산 채로 말린 물고기 한 마리처럼 숨 막히는

그것이 나는 나뭇잎 한 닢인 줄 알았다

그것의 숨이 숲에 가득 찬다

나는 내 허파가 심하게 밤새 고동치다가 입 밖으로 한 닢

토해진 줄 알았다

2
다음에 나는 그것이 독수리 한 마리인가 했다

이 세상에서 가장 따뜻하고, 가장 부드럽고
가장 사랑스러운 것만 골라 배불리 처먹은
내 아기의 뺨을 다 빨아 먹은
암탉의 배 밑에 숨어 떨던
갓 깨어난 병아리들을 다 먹어치운
그것

그것이 저기 벼랑 위에 앉아 있다
멀리서 봤을 땐 나뭇잎 한 닢인 줄 알았는데
워이 워이 저리 가!

도마뱀처럼 딱딱한 발톱이
몸속으로 들어온다 칼처럼 벼린 혀가
주머니를 까뒤집듯 내 목숨을 뒤진다
편집광인가 보다 세심하다
그것의 눈빛은 내 몸 가장 깊숙한 곳을 찌른다

땅속에 벽속에 독수리들이 우글우글한다
수십 세기 동안 그것이 저 벼랑 위에서
나를 노려보고 있었다

3
그다음에 나는 그것이 껴안은 연인들인 줄 알았다

그것이, 두 개의 관을 맞대고 흐느끼고 있다
두 개의 심장이 사리함처럼 맞붙고
스무 개의 손가락이 각자의 몸속을 파헤치고 있다
얼굴들이 불꽃 속에서 하나로 겹쳐진다
바람이 그들의 머리칼을 하나로 묶고 있다
저들의 온몸에 소름이 돋았으리라

달 나무 덩굴이 두 몸을 칭칭 감아올리고
맞붙은 두 개의 혀가 독을 마신 간 한 닢처럼 펄떡거리고 있다

정녕코 두 몸을 떼어놓을 수는 없겠구나

견딜 수 없는 뜨거운 바람에 내가 떠밀린다

  4
바람이 불어요
나뭇잎이 나무에서 폭포처럼 쏟아져 내려요

바람을 마시고 엑스선을 비추면
하얗게 드러나는
밤의 엽맥 식물
내 몸을 그물처럼 감은 신경망
그것이 저 벼랑 위에 혼자 붙어서
헐떡거리고 있어요

나는 그것이 처음엔 나뭇잎인 줄 알았어요

그 나뭇잎이 내 두 눈을 가려버렸어요

그래서 나는 또 그것이 산 채로 말린 물고기인 줄 알았어요

바다 속에서 쫓겨나
수억 년을 뭍으로 하늘로 벼랑으로 몸 바꾸어 헤맨 그것
아직도 아가미로 숨 쉬던 그때를 기억하고 있는
당신을 만나기만 하면 당신 안의 바다를 받아 마시려
아가미를 맞붙이고 헐떡거리는, 펄떡거리는
저 땅이 제 몸 속에서 끌어 올린 精

한순간도 쉬지 않고 내 안에서
나를 초침보다 더 빨리 뛰게 하는
눈 뜨자 그때부터 쉬지 않고 헐떡거리게 하는

살아 있다는 것!

그래서 나는 또 그것이 심해에서 쫓겨난 물고기인 줄 알았어요

Mixer & Juicer

유리창에 김이 서린다
나는 그 유리창에 대고 쓴다
더 자 고 시 퍼
더 이상 안 되겠다 싶어 화장을 한다
학교에 간다
내 방이 학교까지 쫓아와서
눈꺼풀을 열었다 닫았다 한다
한참을 자다 시계를 본다 일곱시 오십구분
학생은 아직도 몇 시간째 李箱의 「絶壁」을 읽고 있다
이상하다 귀 기울여 들어보니 학생은 꽃字만 골라 읽고 있다
그런데도 나는 그 학생이 「絶壁」을 읽고 있다고 생각한다
더 자고 일어나 시계를 본다 일곱시 오십구분
나는 이제는 정말, 하고 일어나
세 가지 색깔의 꽃을 분쇄 중인 Mixer & Juicer를 들여다본다
꽃이香氣롭다꽃이滿開한다나는거기서墓穴을판다
꽃이香氣롭다꽃이滿開한다나는거기서墓穴을판다
李箱의 시는 신형 Mixer & Juicer를 위한 주술이다

나는 태양이 갈아지고 있는 호수를 들여다본다
뭐든지 분쇄하고 난 다음
그 즙을 짜준다는 호수를 들여다본다
몇억 년째 깨 어 나 고 시 퍼
깨 어 나 고 시 퍼 몸부림치다 저 혼자
잦아드는 저 호수
누가 아직 한번도 잠깨지 않은
저 호수 밑바닥 나의 잠을 깨워줄 텐가
손잡이 달린 신형 Mixer & Juicer처럼 나에게도
두 귀가 손잡이처럼 달려 있다
나를 일으켜 저 유리잔에 쏟아주겠니?
어서 일어나 지각하겠어 외치는 소리에
다시 시계를 보니 일곱시 오십구분

예술의 전당 밖의 예술의 전당

　오스카 상 시상식이 거행되는 방 밖에서 최악의 오스카, 골든 래즈베리 상이 수여되듯이, 세종대왕님과 왕비 마마 침수 드신 방 밖에 수십 명의 빈들과 상궁들, 또 그 빈들의 무수리들이 잠들어 있듯이 예술의 전당 밖에도 오래전 바다가 물러간 사막처럼 적막한 아웃 오브 예술의 전당이 있다

　아웃 오브 예술의 전당은 전갈자리에서 검은 얼음 망토를 걸친 사자들이 가져온 보석을 분쇄하여 벽돌로 쌓아 올렸으며, 날마다 파도를 끌어당겼지만 지구에서 쫓겨나기만 했던 노란 달의 눈물을 페인트로 썼다 지붕은 지금 마악 생명을 끊은 숨 막히는 블랙홀에서 가져온 검은 루핑을 덮었다 물론 이 아웃 오브 예술의 전당은 밤늦은 시간에만 문을 연다 (아아 이곳의 자정에 지붕을 쳐다보라 잠든 나의 천지창조를 들여다보라) 자, 이제 전시실을 돌아보자 몸속에서 끌어 올려 제련한 어둠으로 만든 크레이지 드림 머신의 허벅지가 전갈자리의 벽돌들 사이로 언뜻, 언뜻 보이지 않는가

　오페라 극장, 토월극장, 지하 소극장, 음악당, 미술관

지붕 속에서 달이 여기저기서 뜨고, 잠의 거품들이 흘러넘친다 노란 달의 눈물을 받아 마신 미친놈들이 서로를 찔러대고 얇은 살가죽 포장 비닐막이 벗겨지자 거기서 붉은 토마토케첩이 쏟아져 나온다 그래, 어쩔래 조직을 배신했다 절벽에 부딪혀 좌초한 파도처럼 몸속에서 토마토케첩이 소리치며 몰려간다 네 몸속의 피 바다 속에 풍덩 빠져 죽고 말 테야 멀리서 철로 위를 달리는 야간열차의 기적 소리 수평선 너머 먼 곳에서 뇌우가 다가오는 소리 동맥 속을 죄수 수송 버스가 달려가는 소리 아들의 살을 발라 먹고 살아남은 아버지들이 아웃 오브 예술의 전당 안에서 삼류 뮤지컬을 공연하며 울부짖었다 (냉동된 흑염소들이 육류 운송용 자동차 속에 가득 실려 가네)

    이 전당엔 무덤처럼 비상구는 없지만, 바람이 분다 전당 안으로 들어서자 태어나지도 않은 아기 천사들이 무럭무럭 쏟아지고 망치를 든 무대 장치 기사들이 쾅쾅 노란 달의 눈물을 처바른다 말했던가 어떤 생각은 저 독수리가 되고, 어떤 생각은 찌르레기가 되고, 어떤 생각은 박쥐가 된다는 거, 그리고 또 어떤 생각은 내 눈알을 파

먹는 이 까마귀가 된다는 거

  이 밤, 사막 위로 불 켠 빌딩들의 신기루들이 설쳐대는 밤, 환풍기들이 빌딩들을 업고 이륙을 시작하는 밤, 누군가 나의 전당 유리창을 두드리고, 미친 새들이 내 전당 벽에 글씨를 새긴다 일 초 동안 주인공이 되어보는 사랑, 그러나 종당에는 이름마저 휩쓸고 가는 사랑 (너를 보고 있어도 네 이름이 생각나질 않는구나) 머릿속 물질의 온갖 연금술로 달구어진 슬픔이 칙 소리를 내며 꺼져버린다 그래, 네가 왔구나 붉은 케첩을 쏟던 인생이 손수건으로 코를 틀어막고 나를 들이켜면서 끝끝내 내 이름을 부르질 못하는구나 이 밤, 거리를 봉쇄한 경찰차들이 한꺼번에 울음을 터뜨리는 밤, 그 앞에서 내가 좌초한 배처럼 고꾸라지는 밤

신기루

　알고 보니 이 카페엔 마주 보는 거울이 두 개
　도대체 어디가 문이고 어디가 벽인지 알 수가 없네
　웨이터가 다가와 촛불을 켜니
　수십 개의 촛불이 수십 개의 성냥 밑에서
　거울 속에, 거울 속에 번져가고
　마치 나는 성탄절 날 마리아 같아
　수십 명의 마리아가 수십 개의 포도주 잔을 들어 건배!
　화장실 갔다 오다가 살짝 숨어서 보니
　두 개의 거울은 깊숙이 문을 열어
　나 돌아오기를 기다리는 것만 같아

　하늘과 바다는 오랫동안 마주 보았을 거야
　마주 세워놓은 두 개의 거울처럼
　두 개의 거울 사이로 태초의 비명
　첫 태양이 치밀어 오르면
　전 세계로 터져 나가는 메아리, 메아리
　서울에서 태양이 치밀어 오르면, 그다음엔 중국 대륙 방방곡곡
　그다음엔 캘커타, 그다음엔 나도 몰라,

저 푸른 두 개의 거울에 맞고 전 세계로 튀는 수천수만의 태양
그 아래 천 개의 눈 속에 천 개의 태양이 켜지고
천 개의 손이 날개처럼!

저 푸른 알몸에 흰 구름 번진 거울 아래
수억만 개의 푸른 파편들로 몸서리치며 파도치는 거울 사이
한동안 돌아가지 않는 밀물 같은 내 생의 무늬
저 한 조각 파도가 날 팽개치고 가버리면
난 어디 있을까?
창조주가 한 일이 겨우 이걸까?
두 개의 푸른 거울을 마주 눕혀놓는 것
그러면 치밀어 오르는 태양 아래 만화경 속
무거운 허상들이 무거운 벽돌의 육체를 빚어 올리며
혹시나 거울 밖으로 쫓겨나지나 않나
빛을 따라, 빛을 따라 돌아드는 이승의 시간들

우리는 오랫동안 마주 바라보았다
한 나무에 매달린 두 개의 사과처럼

우리의 밑동은 하나로 붙어 있었고
마주 앉은 두 얼굴 사이에서 붉은 것이 치밀었다
바보같이, 크게 부릅뜬 네 두 개의 검은 거울에
내 눈동자 으깨져 파리처럼 붙어버렸잖아
자, 수십 개의 포도주 잔을 들어 건배!
그런데, 도대체 어디가 문이고 어디가 벽인 거야?

장엄 부엌

그들이 또 달을 먹으러 왔다
여자는 달을 먹고, 다달이 배가 불렀다
젖을 짜 넣고 구운 달 위에
하늘나라 박하의 청량한 향을 첨가했다

나는 그의 부엌을 들여다본 적이 있다
흰 옷 입은 요리사들의 은밀한 지저귐
수백 개 통나무 도마 위에서
청둥오리들의 목을 내리치는
폭풍이 휘몰아쳤다
장엄한 부엌이었다

아이를 동반한 손님들이 들어왔다
엄마 엄마 새큼한 별 한 잔 마시고 싶어
먹구름을 갈아 만든 음료에
차디찬 별을 띄워 내주었다

나는 그의 부엌을 들여다본 적이 있다
밀가루 구름의 폭풍우가 피어오르고
갓 죽은 짐승의 피가 수챗구멍으로 콸콸 쏟아져 들어

가는 가운데
　　설거지통 속으로 빨려 들어가던
　　수많은 숟가락, 젓가락, 손가락, 발가락들의 아우성
　　장엄한 부엌이었다

　　　　　밤참을 준비를 할 시간
　　　　　달을 팬 위에 깨뜨리자
　　　　　달 위에 손톱만 한 구멍이 파이더니
　　　　　날개가 튀겨질 새떼가 기어 나왔다
　　　　　새떼는 밤이 깊어갈수록
　　　　　검은 날개를 하늘 가득 펼쳤다
　　　　　밤새도록 그것을 구웠다

　침 흘리고, 씹고, 핥고, 트림하고, 질겅질겅하고, 빨고, 맛보고, 마시고, 한시도 쉬지 않고 받아먹고, 삼키고, 건배! 하고 외치고, 더 먹어! 하고, 이봐요! 하고, 여기 한 병 더! 소리치고, 쩝쩝하고, 큭하고, 끄르륵하고, 캭! 하고

　　한번도 다물어본 적 없는 입술처럼

저 밤거리의 양쪽 건물들이
거창하게 열린 채 밤하늘을 받아먹는 소리
모두 장엄했다

나의 판 옵티콘, 그 조감도

저 수평선 너머로 태양이 가라앉아가고
그 대신 연락선 한 척(저 혼자 어디 갔다 오는지)
마치 수상 감옥처럼 방마다 불 켜고 흔들흔들 떠올라오면
나는 필름의 복도를 성큼성큼 걸어갑니다
스튜디오는 이미 부서졌지만 필름은 남아
여전히 달빛이 복도를 은은히 비춥니다
복도 양쪽으로 철문들은 닫혀 있고 자물쇠가 걸린 방들
방마다 네버 엔딩 스토리의 필름들이 옷걸이에 걸려 있지만
그건 이미 너와 내가 다 봐버린 것들, 이미 다 살아버린 것들
기억에 갇힌 죄수들은 모두 이불을 머리에 뒤집어쓰고 잠들어 있습니다
어디선가 괘종시계가 댕댕 울리면 나는 마치 시계 속을
걸어가는 것처럼 바늘들과 톱니바퀴들 사이를 헤쳐 나가고 있습니다
저 복도 끝에는 내 잠 속에서 뛰어나온 양이 한 마리
내 애인과 내 애인의 애인이 잠든 방을 들여다보고 서 있습니다

나는 느닷없이 내 가슴뼈가 몸 밖으로 튀어나올 것같이 아파
졸음 같은 안개를 헤치고 이 복도를 달려가봅니다
밤마다 감옥을 열람하는 것
이것이 겨우 내 꿈의 조감도란 말이지요
내 몸속의 복도들이 터지려 하는지 벽이 출렁거립니다
어디에도 무덤 속처럼 비상구는 없습니다
나는 그저 나날의 내가 투옥된 복도를 걸어가다가
창문에 어리다 사라져가는 것들을 바라볼 뿐입니다
내가 아는 얼굴이 곤돌라에 실려 흔들흔들 내려오는 날도 있습니다
밖에서 조간신문 배달 자동차 멈추는 소리 들리고
큰 연락선 한 척, 한 사람도 내리지 못한 채 천천히 가라앉습니다
저 수평선 너머에서 나의 고장난 영사기
나의 몸이 흔들흔들 떠오를 시간이 되었나 봅니다

말씀

　우리를 창조하시고 하루 쉬셨다는 그 주일 지금도 기억나시나요?
　무슨 말씀은 꽃이 되고 무슨 말씀은 이 입술이 되던가요?
　이 입술을 벌려 하는 말 다 알아들으시나요?
　이 리듬, 이 비유, 이 시니피에 다 알아들으시나요?
　손가락 꼽아가며 스무고개 넘나드신 그 일주일간
　무슨 말씀 치밀어서 이 귀찮은 파리떼 만들었나요?
　그 몸, 그 팔다리, 그 입술 빚을 땐 무슨 말씀 하셨나요?
　나처럼 보기에 좋았더라 하셨나요?
　이 몸은 누구의 죽음을 쪼개어 꺼낸 씨앗인가요?
　아니면 누구의 삶을 쪼개어 꺼낸 죽음인가요?
　당신의 말씀, 그 말씀의 세상 뒤로 나가면
　아니 그 교란의 거울 뒤로 나갈 수 있다면
　뭔가 있긴 있는 건가요?
　당신과 나의 스무고개 이제 지겹지도 않나요?
　절대로 한 가진 안 가르쳐주는 사람, 그런 사람을
　사람들은 아버지라 부르나요?
　그럼 어디 한번 나도 말하지 않아볼까요?

우리가 방문을 닫고 무슨 말을 했는지
어떤 말은 몸에서 나온 실타래처럼
우리 몸을 칭칭 감아버리고
어떤 말은 북극과 남극처럼 멀리멀리 헤어져
눈물마저 얼어붙도록 시렸는지
어떤 말은 눈밭의 흰 토끼처럼 서로에게 보일 수 없었는지
절대로 절대로 당신에게 말하지 않아볼까요?
그렇게 입 다물고 있으면 우리도 당신처럼 아버지 되나요?
그러니 나한테 박쥐가 내 잠 들여다보고 하는 것 같은
그런 시시한 태초에 어쩌구 하는 말씀, 하실 생각일랑 꿈도 꾸지 마세요

갈겨쓴 편지

고개를 들자 늙은 여자가 보도블록에 엎드려 껌을 떼고 있다
늙은 여자와 나 사이에는 카페의 유리창이 가로막고 있다
나는 낯선 거리를 걷다가 갑자기
편지를 쓰러 이곳으로 들어왔다
그녀의 몸속으로 쥐가 드나든다 새끼를 낳아 기른다
그녀는 구멍투성이다
그녀의 입술 밖으로 쥐 새끼가 고개를 내미는 날도 있다
내가 소파에서 화들짝 놀라 일어난다
어미 쥐가 새끼 쥐를 물고 소파의 용수철 사이로 올라온다
쥐를 떼어버려 나는 편지를 쓴다
쥐들이 짠 망상이야 한없이 길어지는 그물이야 쥐들이 널 놀리는 거야
쫓아버려 나는 맥주를 한 모금 마신다 밤이 오고 있지만 늙은 여자는 여전히 껌을 떼고 있다
그 오래된 사원의 지하엔 천 마리 쥐들이 숨어 있대
인간으로 환생할 날을 기다린대 네 죽음이
시킨 걸 거야 왜 그러냐 하면 죽음도 살고 싶거든

네가 불러냈으니까 네가 쫓아버려 나는 하염없이 편
지를 쓴다
퇴근길의 사람들 물밀듯 밀려간다 언젠가 온다는 그
빛이 오면 눈이 멀 사람들
유랑은 끝이 없나 보다 불 켠 창문들만 마치 제 속을
들여다보는 눈알처럼 환하다 보도블록 밑에는 우리의
밤을 제 집인 양 들여다보는 쥐들의 눈알이 반짝거리고
카페를 흐르는 재클린 뒤 프레는 내 몸속에서
필사적으로 눈물을 참고 있다 그녀의 뱃속에서
쥐가 나가야 할 텐데 고개를 들자
늙은 여자가 멀어져간다 보도블록을 밟으며 침을 뱉고
재채기를 하면서 구멍에서 뭔가가 줄줄 새는 듯
한없이 중얼거리며 걸어간다 쫓아버려
새끼들도 내다버려 내 몸속 어딘가 진공 팩이 터지고
무슨 나라의 글자인가 책 한 권이 푸르륵 넘어간다
금붕어들의 조용한 카페가 터져버렸는가
한없이 밀려오는 쥐떼가 나를 덮친다 나는
내 심장을 입술에 문 것처럼 딸꾹질을 시작한다

흐느낌

그럴 때가 있다 갑자기
느닷없이 내 몸속을 물로 된 사람이 스윽 지나갈 때가
들어가선 못 빠져나와 안간힘 쓸 때가
핏줄기에 빗줄기가 섞여들어 졸졸졸 흘러내릴 때가

그러면 또 내가 그걸 못 견뎌서
내 몸속에서 춤추는 사람 천 명이 쏟아져 나온다

여름비가 오열하는 북처럼
춤추는 사람 천 명을 때린다
격정적으로 때린다
숲의 천 그루 나무들이
전신으로 물방울을 튀기며
쏴아쏴아 군무에 빠져 있다

그럴 때가 있다 갑자기
느닷없이 내가 내 몸속으로 깊이깊이 숨어들 때가

그러면 또 내가 그걸 못 견뎌서
몸속에서 북 치는 사람 천 명이 쏟아져 나온다

그래도 아직 내 몸통 속에 갇힌
미친 멜로디가 다 풀리지 않았는지

눈물이 한 방울 간신히 몸 밖으로 떨어지고
세상의 모든 우물이 넘쳐흐른다

광릉수목원 앞길 자동차들이 배처럼 떠 있다

캄보디아

부비트랩이 설치된 길

하늘에서부터 천천히 공중에다 뿌리를 내리며
땅으로 다가온 나무들이
그 꿈틀거리는 거대한 육질의 뿌리로
궁궐을 쪼개고
시바의 아내를 쪼갰다
그러자 밀림이 그녀의 아랫도리를 덮어주었다

몇 세기를 걸어가는 동안 지워지다가
지워지다가 아직도 덜 지워진 사람들이
없는 다리를 끌며 안개 속으로 사라졌다

밤이 오면 다시 지워지다가
아직 지우개의 터치가 그대로 남아 있는 사람들이
무너지다 만 칠흑의 궁전 속에서
끊어질 듯 이어질 듯 노래를 불렀다

그 노래에서 떨어져 나온
가느다란 실 한 파람이

차가운 바람 속을 떠다녔다

혼자서만 떠났다가 혼자서만 돌아오는 보고픔처럼
잘못 들은 게 아닌가
아직도 긴가민가 나 혼자 오래 듣는 네 한 마디 말처럼
품에 안아보지 못한 혼령 하나가
내 옷깃을 가만히 건드리고 날아갔다

그러다 다시 태양이 떠오르면
부비트랩이 설치된 길
지워지다 만 그림 속에서
실타래같이 해진 근육을 햇빛에 태우는 시바의 아내가
너무 뜨거워 들을 수도 없는 비명을
귀가 멍멍하도록
퍼부어대는 길

세상에, 끈질긴 저주의 손길처럼 하늘에
뿌리들이 떠 있다니

두통

안녕하세요, 통통통
오늘 기분은 어떠세요, 통통통
내 모가지 위에서 도망쳤어요, 통통통

저 길가의 모든 텔레비전이 내지르는 비명은 이제 듣지 않을래요. 길가의 화분에 가래침을 척척 뱉는 아저씨들, 손에 손에 비닐 봉투를 든 아줌마들, 집에 가서 그걸 냉장고에 넣을 거예요. 휴대폰을 훈장처럼 목에 걸고 어디니, 어디니 묻는 아가씨들. 아무것도 안 하고 이 세상 사는 사람은 없는가 봐요. 그러니 나는 귀 막고 눈 막고 이빨을 악물고 몸을 한껏 웅크리고 통통통 내가 나한테서 도망칠래요 내 몸엔 아다지오 레퀴엠 소나타 다 있지만 그냥 이렇게 계단을 내려갈래요 통통통

나는 정말 저 공 안에 숨고 싶어요
이젠 정말 안 속아요 이젠 정말 안 믿어요
내 마음은 슬픔 때문에 무거워서
아래로만 아래로만 굴러 떨어질 수 있어요
내 몸을 동그랗게 말아서 쥐구멍으로 들어가버릴래요

그때, 하나님이 아직도 갓난아기였을 때
나를 세상 속으로 뻥 차버리셨을 때
그때처럼 나를 한번 뻥 차버리실래요?
그러면 더 이상 이렇게 통통통
죽자 사자 하지도 않을 텐데요

깊은 곳

앰뷸런스는 시끄러워요
불자동차는 더 시끄럽죠
빌딩들은 날마다 회초리처럼 자라구요
사내들은 그 회초리를 꺾어
여자들을 때린대요
한밤중 아스팔트의 기나긴 비명!
직진하면 남산 3호 터널
우회전하면 남산 2호 터널 혹은 소월길
도로 표지판 앞에서 나는 물어봤어요
그렇다면 나는 어디에 서 있나요?
지하철 정거장은 어렴풋한 기억 속 우리 엄마처럼
환하게 불 켜고 가슴을 열었구요
밤하늘 먹구름들은 뭔가 굉장히
참을 게 많다는 표정을 짓고 있네요
껌껌한 지하도에선
환청만 알아듣는 귓구멍처럼
혹은 수만 년 동안 파도의 주문만 듣고 살아온
바닷가 바위 동굴처럼
누군가의 서늘한 입김이 밤새 올라와요
이 밤 한강은 매 맞은 여자의 뱃가죽처럼

완벽하게 누르딩딩하구요
나는 벌거벗고 싸돌아다니는 밤
서울 거리를 헤매 다니고 있어요
어디론가 죽음인지 탄생인지 배달 나가는
바람은 폭주족들보다 더 시끄럽구요
오늘의 교통사고 사망자 전광판은
갑자기 숫자를 갱신하고요
이 도시 어딘가 숨어 사신다는
서울의 수호신님은 몇 사람의 제물을
맛있게 받아드셨다고 그래요
불붙은 풍뎅이 같은
저 주유소에서 기름을 넣으면
넘실거리는 저 지붕들 위로 나도 이륙하게 될까요?
저 앰뷸런스는 잠도 없나 봐요 정말 시끄럽네요
그런데 참, 이 풍경에 자막을 한 줄 넣어줄래요?

깊은 곳에서 당신께 부르짖나이다*라고

* 예배 음악 중 송영(誦詠) 부분.

티티카카

달팽이처럼 돌돌 말린 길을 따라
산을 오르던 내 귀가
산꼭대기에 다다르자 공중으로 떠버렸다
이상하다, 하루 종일 뜬소문으로 날 깨물며
따라오던 새들도 모두 돌처럼 입 다물었다
산 아래까지 수십 킬로미터의 정적
고통의 음표는 가장 높은 음자리에서 째앵!
이제 아무것도 움직이지 않는다
나는 귀를 잃고 산정에 누웠다
나는 기다림에 화상 입은 몸
누가 솜으로 내 몸을 둘둘 감아놓았나
네 꿈속에 가서 내 두 다리를 꺼내 와야지
움직일 수 없는 몸속에서 살점이 끓는다
저기 저 먼 하늘의 고막 뒤에 누가 있는가
저 고막을 찢으면 네 울음소리 들을 수 있는가
무섭다. 아프기만 하고 풀리지는 않는 길의 반죽이
나를 또 칭칭 감는다 여기는
두꺼운 자물쇠로 잠긴 저 푸른 고막이 통치하는 나라인가
귀울음마저 바람이 몰아갔는지, 너무나도 무거운 고요

얼마나 지났는지, 귓속 달팽이집 처마 끝으로
핏방울이 매달린다 점점 검은색으로 변하더니
몸속으로 쿵 떨어진다 느닷없이 내 발아래서부터
온몸 가득 차 올라오는 저 숨 막히게 크고 검은 호수
티티카카

두 장의 혀

세상을 다 삼킬 수는 있어도
이것만은 삼킬 수 없는 것
그러나 세상에서 제일 맛있는 것
나의 혀

오늘 밤 우리는 어둠 속에서
두 장의 혀를 맞대었다

몸속의 검은 달
내 혀가 풍선껌처럼 부풀었다
월식하는 중이었다
검은 달 속에서 밤에만 눈뜨는
올빼미들이 울었다

술병을 앞에 놓고 앉아 각자의 혀로
공중에다 온갖 글자를 다 찍어댔지만
정작 자신 속엔 아무 글자도 저장하지 않는 모니터
우리는 각자의 모니터를 맞대었다

긴 혀로 너의 젖을 다 빨아먹고 뇌도 핥아먹어야지

두 장의 혀는 죽음처럼
오늘 밤이 새도록 칭얼거리고
우리는 몸도 없이
혀만 낼름거렸다

눈보라

천지사방 두근거리며 쏟아지는 눈보라
마침내 너는 오고 나는 두 팔 벌려 입술 벌려
너를 맞으러 뛰쳐나간다

오늘 밤은 속이 다 비치는 속치마처럼 얇아서
내 살이 다 비치고 월요일과 수요일이 저절로 겹쳐지고
희디흰 토끼들이 오늘에서 내일로
모레에서 오늘로 문지방 없는 날들을 마구 건너다니고
저 눈발 하나하나마다 물려 있는 네 몸인 어떤 것
그러나 나 너무 뜨거운가 봐 단 한 송이도
너를 안을 수가 없어

잠도 없는 죽음 속처럼 고요하고 적막한 밤
아기 잘도 잔다라는 성탄절 노래는
내가 너를 재우는 노래 내 아기 어르는 노래
너는 나타났다가 사라지고 사라졌다간 나타나고
너는 늙지도 않아 작년에도 올해에도
내년에도 올해에도 하루도 쉬지 않고
그러나 사랑은 얇아서 너무 얇아서
나는 오히려 그것을 열애하나 봐

저 가벼운 바람만이 네 속살을 만질 수 있다는데

내 가슴속에 한 장 한 장 떨어져 쌓이는 미농지
오늘에서 모레로 그리고 또 내일로
하루도 쉬지 않고 떨어져 쌓이는 미농지
눈송이처럼 떨어져 눈덩이처럼 무거워지는,
네가 만들어주었고 지금도
네가 만들어 쌓고 있는 내 마음

나 그 얇은 사랑 내 속에 쌓고 쌓아서
나 혼자 그만 깔려버렸나 봐
아무리 불을 꺼도 불이 꺼지지 않는 이렇게 환한 밤
바람 불어 네가 또 내 몸 위에 글 쓰러 오는 밤
나 너무 뜨겁고 너 너무 얇아
한 송이도 너를 안을 수 없는 밤

내 꿈속의 문화 혁명

내 출신 성분은 반동, 나는 밤이면 밤마다
문 닫은 학교에 자술서 쓰러 간다
내 애인 光子는 홍위병, 땅파기를 좋아한다
光子는 애인도 많다 머나먼 태양 나라에서
내 꿈속에까지 파견 나온 光子는 간수 혹은 살인자
교미가 끝나면 애인을 잡아먹는다
내 죄는 날마다 불어도 불어도 또 불 것이 남는다

오늘 나는 너무 피곤해. 천 근 같은 눈꺼풀이 내려지고, 두 귀마저 셔터를 내리면 내 잠 밖을 서성이던 光子가 문을 두드린다. 光子야, 오늘만은 제발, 너무 피곤해. 하루 종일 햇빛 속을 떠돌던 내가 光子의 몸에 짓눌려 스크린처럼 평평해지면 光子가 내 몸에 자술 프로그램을 로딩한다. 오늘은 너무 아파서, 제발 그만 용서해줘. 光子는 내 몸에 구멍을 뚫는다. 살 속 깊이 삽을 넣고, 주둥이로 내 뼈를 두드린다. 별처럼 환한 光子. 방송 끝낸 TV 화면에 명멸하던 광자. 내 이름을 부르고, 화를 내고, 나를 에워싸고, 실컷 떠든다. 다시 쓰고, 다시 쓰는 자술서. 光子는 쏟아지는 내 피의 폭포를 거울 삼아 잘도 논다. 자술서를 너무 쓰다 보니 이제 뭐가 뭔지 모르겠다. 마구 뒤섞여 심지어 내 아버지가 내 아이로 둔갑할 지경이다. 光子네 집을 나가 하룻밤만 잘 수 있다면 얼마나 좋을까? 나, 몇십여 년 전 출판사 다닐 때, 책 들고 서울 시청에 검열받으러 갔다. 그러면 까만 등사 잉크를 든 장교 아저씨들, 책에다 검은 잉크를 척척 칠해서 돌려주었다. 어느 땐 제목만 남기고 모두 까맸다. 지금 그 까만 아저씨들 다 어디 갔을까.

   光子는 내 몸속을 스크린 삼아
   밤새도록 노는데, 오늘은 돌아가신
   할머니를 나보다 젊게 만들어놓았다
   그 할머니가 검은 연탄을 아궁이에서 꺼낸 다음
   불붙은 보름달을 넣으셨다
   방에선 어머니가 해산하고 누워 계셨는데
   눈물을 흘리셨다 눈물방울 속마다
   사람들이 들어 있어 내가 누구요
   했더니 엄마 영혼이여 한다
   그러나 가까이 가서 들여다보니 그들이 모두 나다
   문 닫은 학교 걸상 가득 모두 내가
   앉아 자술서를 읽고 있다

또 그 목소리가 나에게 이르기를
할머니는 자라서 엄마 되고
엄마는 자라서 네가 되지 하였다
나는 내가 너무 많아 정말, 죽을 지경이다
그 모든 내가 밤이면 밤마다 단체로
학교로 자술서 쓰러 간다
光子에게 검열받으러 간다

살아 있다는 것

얼어붙은 토왕폭 중간에
빨간 옷 입은 등산가 한 사람
몇 시간째 매달려 있다

천 길 낭떠러지 아래엔 몇천 길 웅덩이
그 낭떠러지 한가운데
일부러 견디어라 지어놓은 현공사
바람 불 때마다 온 집을 흔들며
그 안에 모셔진 유·불·선 신(神)님들
우르르우르르 울고 있다

희디흰 내 뼈들에 매달려 사느라
손톱이 다 빠져버린
내 평생의 살들이 진저리치고 있다

허공을 움켜잡고 수억 년째 매달린
저 밤하늘의 별들도
오늘 밤 깜빡깜빡 운다

모두 참 위태롭다

날마다의 장례

슬픔이란 이름의 새를 아시는지
그 새의 보이지 않는 갈퀴에 대해 들어보셨는지
그 새의 투명한, 그러나 절대로 녹지 않는
갈퀴에 머리채가 콱 잡혀서
나는 문설주에 고개를 기대고 서서 말하네
잘 가거라 항구를 떠난 잠수함아
여기 절벽 위에 서 있는 나를 잊지는 말아라

누군가 내 심장 박동 소리로 내 속을 쿵쿵 걸어가고 있기 때문에
저 잠수함 저 혼자 떠난 거야
누군가의 손가락 내 관자놀이에서 쉬지 않고 파닥거리기 때문에
저 잠수함 저렇게 혼자서 가라앉기만 하는 거야

엄마의 몸속에서 내팽개쳐진 그날 저녁부터
날마다 가라앉기만 하는 잠수함
이제 내 탄생의 그 종착역에 다 와간다고 기별이 오는데
내 슬픔의 박자는 이렇게 쉬지 않고 울리고
내 슬픔의 숨은 이렇게 쉬지 않고 헐떡거리고

추운 밤의 밀물 같은 슬픔이 온몸을 적시는데

찬물 속의 찬물처럼 나 흐느끼는데

   항구를 떠난 잠수함아 우리가 처음 헤어지던 그날 잊지는 않았겠지
   그 깊은 바다 속에서 혼자 흐느끼고 있지는 않겠지
   내 머리채를 놓고 이 새가 날아가버린 날
   매일 매일 가라앉는 꿈, 그 속의 잠수함
   세상에서 제일 무거운 시체처럼 나는 네 속에
   비로소 탑승하게 되는 거겠지?
   그러니 부탁이야, 고장난 수도꼭지처럼 헐떡거리며 서 있는
   김혜순을 잊지는 말아줘

해설

'그녀, 요나'의 붉은 상상

이인성

1

뜻밖이다. 김혜순의 새 시집 『한 잔의 붉은 거울』은 제목부터 시작해서 붉은색이 낭자하다. 붉은 전선, 붉은 장미꽃다발, 빨간 물고기, 붉은 파도 자락… 붉은 구름, 붉은 벼랑, 붉은 아기, 붉은 양수… 붉은 살 꽃, 붉은 실타래, 붉은 이슬, 붉은 나무… 그러다가 종국엔, 그 붉은 색감의 뜨거움 때문인지 '붉은'이란 형용사마저 증발하고 언어 그 자체의 열기만이 깔리는데, 그 열기 역시 여전히 붉은 느낌이다. 사실 냉정하게 되풀이 읽어보면, '낭자하다'는 표현은 지나친 감이 없지 않다. 그러나 그렇게 느껴질 만큼 효과적으로 채색된 그 색감의 강렬함을 피할 수는 없다. 이 현상이 그토록 뜻밖이며 강렬한 까닭은, 무엇보다도 그 붉은색이 이 시인의 앞선 시집들과 뚜렷한 대조를 이루는,

새로운 상상을 여는 색감으로 솟아오르는 데 있으리라.

꿈의 동굴과도 같이 한없이 깊고 괴이한 내면 풍경을 '음화(陰畵)'로 뒤집어 보여주는 이 시인의 작품들은, 언젠가 "한편엔 흰색 또 한편엔 검은색/칠해진 문을 여네"[5-41]*라고 말했던 것처럼, 지난 20여 년 동안 거의가 무채색으로 덮여 있었다. 때로 흑백 화면 속의 어떤 특정 대상에 한정해 특수 효과로 입혀진 듯한 유채색이 등장할 때도, 지금까지는 상대적으로 푸른색이 주조를 띠었었다. 물론 붉은색도 간혹 등장하지만, 언뜻 눈에 띄는 것들은 "감시의 붉은 눈"[2-116] 따위의 예에서 볼 수 있듯이, 부정적 정서를 불러일으키는 것이었다. 그 피상적 인상만을 따라 말하자면, 이번 시집의 붉은색은 그 부정성을 단번에 씻어낸다. 시원(始原)의 붉은색이라고 부르고 싶은 이 색감은 도대체 어디서, 왜, 어떻게 흘러나와 번지고 있는 것일까?

우리가 이런 질문으로부터 시집 읽기의 실마리를 푸는 것은, 그녀가 다른 무엇이기에 앞서 치열한 이미지의 시인이기 때문이다.

2

이미지야말로 이 시인의 실존 그 자체가 아닐까 여겨질 만큼, 김혜순의 시들은 온통 이미지들로 우글거린다. 그녀

---

* [5-41]과 같은 표시는 이 글 끝에 제시한 김혜순 시집 목록(발간 역순) 중의 5번 시집 41쪽을 가리킨다. 목록은 발간 역순으로 정리되어 있기 때문에, 1번이 이번 시집이다.

는 이 세상을 지배하는 관념적이고 사변적인 "말씀" 즉 "교란의 거울"[1-105]에 맞서, 이 세상을 전혀 다르게 느끼고 구축하는 몸의 언어, 육체적 감각의 언어, 즉 이미지의 언어로 버틴다(사실 이 점은, 한국시의 일반적 풍토에 대한 강력한 문학적 저항으로 읽힌다). 차츰 이야기되겠지만 이 세상을 비추는 다른 거울들을 가지고 있는 이 시인은, 그 거울들에 반사되어 나온 자신의 시들을 지난번 『달력 공장 공장장님 보세요』(2000)에서 "내 몸 속 어딘가에서 송출하는 영화"[2-58]라고 일컬었었다. 딱히 영화가 아니더라도, 화폭, 사진, TV, 홀로그램 등등에 상응하는 영상적 언어들은 거의 김혜순 시의 시작이자 끝이라 할 수 있는데, 이때 그 영상적 언어가 투사해 보여주는 것은 이번 시집의 한 표현을 빌면 "내 몸통 속에 갇힌/미친 멜로디"[1-110]들이다.

 김혜순 시의 발현 방식은, 요컨대, 몸이 몸속에 갇힌 미친 멜로디를 영화로 바꿔 송출하는 것, 청각적인 것의 시각화이다. 여기서 청각적인 것이란 단순히 물리적인 소리를 가리키는 것이 아니라, 눈에는 보이지 않으면서도 귀에는 분명히 와 닿는 파동으로서의 소리처럼, 형상적 실체를 붙잡을 수 없는데도 분명히 존재하기는 하는 그 무엇인가를 뜻한다. 이를테면, 이유를 알 수 없는 몸부림처럼 몸을 휩싸는 광태(狂態) 같은 것. 아마도 그런 것이 몸을 통해 형태를 드러내는 자리는 바로 꿈의 자리, 꿈 중에서도 악몽의 자리일 터이다. 실제로 김혜순의 거개의 시들은, 깊은 질곡의 밤에 꾸는 악몽이 캄캄한 영화관에서 환한 환상의 화면에 비춰지듯 전개된다. 심지어 그녀는 낮에도 끊임

없이 악몽을 꾼다. 『나의 우파니샤드, 서울』(1994)부터 되풀이 씌어져온 표현에 의하면, 그녀의 몸 자체가 이미 "까만 쓰레기 봉지"〔4-111〕 같은 어둠 덩어리가 되었기 때문이다. 그처럼 "걸어다니는 연옥"〔1-62〕인 몸, "아픔의 책"〔1-71〕인 몸의 "살들이 진저리치(며)"〔1-126〕 꾸던 악몽!

김혜순의 시들이 줄기차게 기록해온 그 악몽의 이미지들은, 시인 자신도 조금 퉁명스럽게 "나는 해독하지 못한다"〔4-11〕고 말했듯, 난감하고 난해하기 이를 데 없다. 꿈이라는 것이 애당초 초이성적 세계에 뿌리를 두고 있는데다가, 동시에 "내가 너무 많아 정말, 죽을 지경"〔1-125〕이라 느낄 만큼 어지럽게 분열·증식하는 시적 발화의 다성적 양태가 덧대어지는 탓이다. 그러나 꿈이 또한 그러하듯이 그 불투명한 이미지들은 끈덕지게 반복되는 어떤 강박적인 것들 둘레로 모여 회오리처럼 맴돌 뿐 아니라, 그 다성적 자아들 역시 하나의 몸 안에 자리 잡고 그 몸을 통해 떠오른다는 점에서, 김혜순 식의 시적 상상 체계 및 운동의 전체성과 연속성을 그려볼 수 있으리라는 가능성이 전무한 것은 아니다. 그녀의 모든 시들이 일련의 시들로, 모든 시집들이 커다란 한 권의 시집으로 이해되는 의미망(들)이 심층적으로 존재할 수 있다는 말이다.

김혜순 시인 역시, 자신의 시를 의식화하는 과정에서 그런 문제와 맞부딪친 적이 있었던 모양이다. 그녀의 한 산문은 자신의 시를 "프랙탈 도형처럼 세상 속에 몸담고 세상을 읽는 방법"으로 규정하며, "이 실존의 실체는 고정된 도형이 아니라 움직이는 도형으로서의 실체다. 늘 순환하는. 그러나 같은 도형은 절대 그리지 않는"〔3-뒤표지〕이라고 스스로를 설득하려 애쓴다. 이 말이 우리를 유혹하는 이유는, 그렇다면 역으로 그 도형들의 기원에 존재하는 어떤 원형을 추리해볼 수도 있지 않을까 해서다. 우리는 물론, 시적 상상력의 유일무이한 기원을 밝히고 그 상상 체계를 일목요연하게 도식화한다는 것이 근본적으로 잘못된 전제라는 것을 잘 알고 있다. 그렇지만 그런 가정과 시도를 통해 어렴풋이나마 윤곽을 그리면서 몇 가지 가설적 지침을 구할 수 있다면, 그것들이 한 시인의 시 세계를 파헤쳐가는 매우 유용한 전략적 교두보가 된다는 것도 체험적으로 실감하고 있다.

그런 관점에서, 그녀의 시집들을 강박적으로(?) 반복해 읽다가 직감적으로(!) 얻은 우리 판단에 따르면, 「이다지도 질긴, 검은 쓰레기 봉투」라는 시의 다음 몇 구절은, 일단 이번 시집은 제쳐놓고 볼 때, 이전의 시 세계를 해명하는 한 심층적 구도를 절묘하게 응축시켜 보여주는 듯하다.

> 검은 봉투 속에 밀봉된 채 악몽의 풍경 속을
> 기차를 타고 갔었지요 달아났었지요
> 잘려진 손톱처럼 날카로운 산의 나무들
> 핏빛 파도를 닮은 생리대와
> 사각의 푸른 종이 상자에서 툭툭 틀어지던 희디흰 크리넥스
> 처럼 내려앉은 저녁의 날개 없는 새들
> 머나먼 레일처럼 도르르 말린 필름
> 내 몸 속 어딘가에서 송출하는 영화
> 그 어디에 목숨이 숨어 있는 걸까요
> 몸부림치고 있었어요 검은 쓰레기 봉투 속에서

다시 태어나려고요 나는 아직 태어나지도 않았던 거예요
  〔2-58~59, 밑줄은 필자 강조〕

  이 시의 '나'는 예의 그 "검은 쓰레기 봉투"에 갇힌 채 "악몽의 풍경 속을" 달리고 있다. 셋째 줄에서 일곱째 줄까지, 그 풍경이 보여주는 것은 어떤 공격적인 존재와 그 공격에 희생된 존재의 대비이다: 날카로운 칼로서의 나무들과 그 칼에 날개가 잘린 채 내려앉은 새들. 이때 그 해괴하고 초현실적인 풍경 속을 기차를 타고 간다는 것은 그 풍경으로부터 달아난다는 것과 동의어로 제시되고 있다. 기차는 '나'의 수동적 정황과 초조함을 동시에 환기하는 듯하다. 요컨대, '나'로서는 그 풍경을 그저 내다보는 것 이외의 다른 도리가 없고, 오로지 그 상황에서 빨리 벗어나고 싶다는 마음뿐이다. 그러나 그렇게 달리고 달린 "머나먼 기차 레일"은 어느 순간 "도르르 말(려)" 원점으로 돌아온다. 그러면서 '나'는 그 악몽의 풍경이 내 밖의 풍경이 아니라 "내 몸 속 어딘가에서 송출하는" 풍경이라는 뼈아픈 진실과 대면한다. 내 몸에서 악몽이 나오니 도저히 이 악몽에서 헤어날 길이 없다.

  바로 이 지점에서, 나머지 세 줄의 안타까운 물음과 가녀린 외침이 터져나온다. 그리고 그 물음과 외침은 악몽과 '나'의 관계를 다른 층위로 이동시킨다. 그렇게 묻고 외치는 '나'는 악몽을 관찰하며 사유하고 상상하는 또 다른 '나,' 시인으로서의 '나'인 것이다. 그냥 도망치는 것만으로는 악몽을 벗어날 수 없다면, 악몽 속에서 악몽을 이겨낼 단서를 찾아야 한다. 이해를 분명히 하기 위해 위의 인

용 바로 앞에 놓인 세 줄을 더 보충해 읽자면:

> 드넓은 초원에서 양을 먹고 사는 사람들은
> 양의 배를 가르고 내장을 보면서 심지어
> 내일의 날씨도 점칠 수 있다지요 [2-58]

시적 자아가 현실적 자아의 악몽을 들여다보는 것은 "양을 먹고 사는 사람들"이 "양의 배를 가르고 내장을 보(는)" 것에 비유될 수 있다. 현실적 자아를 먹고 사는 시적 자아는 현실적 자아의 배를 갈라 그 속의 내장을, 곧 현실적 자아의 몸속에서 송출되는 초현실적 영화를 본다. 왜? 어쩌면, 양의 내장을 뒤져 "내일의 날씨를 점칠 수" 있듯이, 그 악몽의 "어디에 목숨이 숨어" 있는지를 찾아냄으로써 악몽을 벗어나 "다시 태어(날)" 수 있는 — 날개 잃은 새들이 다시 날아오를 수 있는 — 기적의 근거를 구할 수 있을지도 모르므로. 여기서, 하나의 역설이 탄생한다. 시적 자아와 현실적 자아가 통합된 그 전체로서의 '나'의 입장에서 다시 넓게 생각하자면, 악몽은 결국 신생을 위한 "몸부림"이구나 하는 역설 말이다. 그렇게 보니까, 자연 친화적으로 "드넓은 초원에서 양을 먹고 사는 사람들"이라 묘사된, 그러면서도 양의 배를 가르는 사람들이 일종의 예지자들처럼 다가온다. 시인인 '나'도 그렇게 되고 싶은 게 아니겠는가.

이제, 우리가 그런 시야에서 파악한, 김혜순의 시 세계를 지배적으로 구축해온 상상의 사슬 몇 고리를 보다 개념적인 언어로 정리해보자. 1) '나'라는 전존재가 악몽의 몸, 절망 덩어리이다 — 아마도 이는 이 세상과 삶 자체가 악몽이자 절망이라는 뜻일 것이다; 2)그 악몽의 내용은 어떤 대립적 관계, 적대적 관계의 다양한 양상들로 구성된다 — 그 애초의 출발점은 차라리 일방적인 가해/피해(희생)의 관계에 가까운데, 악몽의 길고긴 진행 과정에서 천차만별의 변주를 보여준다; 3)그러나 그 악몽은 역설적이게도 지극히 시적인 희망의 발전기이다 — 거꾸로 말해서, 악몽을 악몽으로 보게 만드는 것은 시인만이 가질 수 있는 어떤 "지독한 희망"[2-125]의 눈이다; 4) '나'의 시적이면서 궁극적인 꿈은 다시 새롭게 태어나고 싶다는 것이다 — "아무래도" 다시 날개 달린 "새가 되려는가"[1-57] 보다.

이 네 국면 중에서 이때까지의 무게 중심은 1)과 2) 쪽으로 심하게 기울어져 있었다. 『우리들의 陰畵』(1990)까지는 "다시 태어나기 싫은"[5-100] 욕망이 더 강했던 것을 봐도, 3)과 4)의 단계는 그 다음에 더디게 자라난 국면들이다. 그런 의미에서, 이번 시집의 새로움은 그 무게 중심의 이동과 무관치 않다. 어쩌면 단순히 무게 중심만 이동하는 게 아니라, 무게 중심이 이동하면서 위와 같은 도식의 근간이 흔들리고 재편되는 것이야말로 진정한 새로움일지 모른다. 새롭게 태어나고 싶다는 욕망을 시 쓰기로 실천해나가면서 '나'와 관계에 대한 기존의 인식마저 바뀌어가는 게 엿보인다는 말이다.

그러니 더욱, 이런 환원적 어법을 뒤집어 구체적인 프랙탈 도형들로 "말하는 형식"[3-自序], 실재하는 언어의 몸으로 살아내는 방법, 시적 실존의 양태가 중요해진다. 그리고 이미지야말로 그 실존의 핵심이다. 그런 의식으로 다시 읽어보면, 위의 시는 우리가 관심을 두고 있는 색채 이미지들의 관계 또한 흥미롭게 제시한다. 희한하게도, 위의 시는 우리가 중점적으로 다룰 네 개의 색채, 검정색·흰색·푸른색·붉은색을 모두 포괄하고 있다. '나'는 검정에 밀봉되어 있고, 저녁이라는 시간적 배경으로 유추하자면 '나'를 둘러싼 세상도 어둠-검정이다. 그 검정 속에서 하양(생리대와 크리넥스)은 "날개 없는 새들"로 가라앉는데, 그 하양의 어떤 것은 빨강(핏빛 파도)을 묻히고 있고, 다른 어떤 것은 파랑(푸른 상자)으로부터 나왔다. 뭔가, 색깔들이 부딪치고 얽히며 빚어내는 역동적 드라마가 있을 법하다.

3

이번 『한 잔의 붉은 거울』에서, 다른 모든 색들을 빨아먹고 뒤덮고 가두던 검은색이 극도로 축소되고 있는 현상은 붉은색의 확대에 반비례하여 나타나는 너무도 뚜렷한 현상 중의 하나다. 지난 시집들에서 검은색의 지배력은 압도적이었기 때문이다. 자세히 다시 읽으면 『불쌍한 사랑 기계』부터 조금씩 변화의 조짐을 보이며 천천히 농도가 희석되어오긴 했으나, 바로 앞 시집에서도 검정 혹은 어둠은 여전히 기세등등했었다.

> 어둠은 너무 깊고 나는 수영을 할 줄 몰라
> [……]
> 깊은 바닥 어디에 발을 놓아야 할지
> 검은 자정의 소용돌이에 갇혀버렸네

[……]
　이 밤은 대낮과 내통한 나를 용서 않나봐 [2-115]

낮-빛과 내통한 나를 감시하고 감금하고 억압하던 밤-어둠의 오랜 폭정 체제는, 그런데 이번 시집에 이르러 붕괴된다. 그렇다면 '나'는 드디어 해방된 것인가? 그렇지 않다. 억압 자체가 사라진 것은 아니다. 다만 그 억압의 주체와 형태가 바뀌었달까. 이제부터 이 밤의 지배력을 행사하는 존재는, "그 까만 아저씨들 다 어디 갔을까"[1-124]라고 자문할 때의 그 어둠의 하수인들이 아니라, "환한 光子"라는 빛의 하수인으로 "태양 나라에서" "파견 나온" "홍위병"[1-123]이다.

　그 모든 내가 밤이면 밤마다 단체로
　학교로 자술서 쓰러 간다
　光子에게 검열받으러 간다 [1-125]

「내 꿈속의 문화 혁명」이란 제목에 의하면 바야흐로 무슨 "문화 혁명"인가가 일어났고, 빛의 홍위병인 광자는 "반동"[1-123]으로 몰린 '나'의 밤을 환히 밝히며 잠도 재우지 않고 자아비판을 강요한다. 이 빛은 칠흑의 어둠 속에 밀폐된 자아의 악몽을 투사하던 영사기의 한 줄기 빛과는 근본이 다르다. 이 빛은 잠 속의 어둠마저 송두리째 몰아내고 그 자리를 혁명적인 공공의 문화를 학습하는 "학교"로 만드는, 새로운 지배자 · 억압자로서의 빛이다.
　도대체 어쩌다가, 이런 예기치 못한 상황이 벌어지고 있는 것일까? 시인의 새로운 자의식이 극단화되면서 만들어졌을 이 상황이 시집 전체의 상상적 서사를 구성하는 것에 맞물려 있는 한, 대답은 유예될 수밖에 없다. 그래도 이런 극단적 반전을 직조한 상상 기계의 새로운 작동 원리는 포착된다. 위의 시에서는 유독 부정적인 형태로 제시되고 있지만(위의 시에서 유독 그렇다는 지적에 밑줄을 그어둘 필요가 있다), 일단 그런 가치 판단도 괄호 속에 묶고 이미지를 구성하는 상상 방법만을 읽자면, 김혜순 시의 역사 속에서 흥미로운 진전이 일어나고 있음을 알 수 있는 것이다.

'光子'는 일차적으로 빛의 입자라는 뜻을 지닌 일반 명사이다. 그 빛의 입자들이 지금 밤을 장악하고 있다. 별것 아닌 것 같지만, 이건 전혀 자연스러운 현상이 아니다. 자연스럽기로 하자면, 오히려 밤은 어둠이어야 한다. 시인을 그토록 괴롭히던 캄캄한 밤이 환한 밤이라는 혁명적 사태보다 훨씬 자연스럽다는 말이다. 우리가 이 단계에서 무엇보다 주목하는 바는, 시인을 너무도 오랫동안 자연스럽게 — '오랫동안'은 '자연스럽게'와 통한다 — 괴롭혀온 낮-빛/밤-어둠의 이분법적 상응·대립을 넘어서, 불현듯 밤-빛이라는 모순적 결합의 양태가 전경화되고 있는 현상이다. 이제 이 현상은, 김혜순 시에 정통한 독자들은 벌써 짐작했겠지만, 늘 동일한 이항 대립으로 맞물려온 남성/여성의 문제로 고스란히 넘어간다.

'光子'는 빛의 자식 또는 빛나는 자식이란 뜻을 지닌 고유 명사이기도 하다. 그 청각적 울림은 남성 중심 사회에서 약간 천시하는 느낌을 부여한, 남자였기를 바라는 느낌이 붙여진 — 아들 '자'자가 붙여진 — 여자의 이름(영자,

춘자, 말자…)으로 들린다. 그러나 막상 그런 식으로 '광자'에게 성적 정체성을 부여하려 들면 사태가 꽤 모호해진다. 화자가 "내 애인 광자는 [……] 애인도 많다"[1-123]고 할 때는 오히려 남성인 것 같다가('나'는 여성이니까), "교미가 끝나면 애인을 잡아먹는다"[1-123]고 할 때는 다시 여성인 것 같기도 하다(동물의 세계에선 암컷이 그러니까). 후자의 경우엔, 여성이라 하더라도 상대를 잡아먹는다는 살육적 공격성은 상상력의 차원에서 남성적이다(김혜순 식의 예: "아들의 살을 발라 먹고 살아남은 아버지들"[1-95]). 아무튼 이런 현상 역시, 김혜순 시의 근간이었던 남/여의 뚜렷한 분리와 갈등이, 남/여이면서 남-여이기도 한 혼성적 양립의 문제로 바뀌고 있음을 보여준다.

이런 양상이 위의 시에서 부정적으로 묘사되는 이유는 필경 그 변화가 홍위병 식으로 극단화되는 데 있을 것이다. '나' 자신도 바랐던 어떤 변화가 정치화(?)되자 어느새 '나'는 "반동"으로 몰려 있는 야릇한 사태. 실제로 이 모든 변화가 '나'의 내부에서부터 싹텄음은 위의 시 바로 앞자리에 놓인 「눈보라」에 잘 나타나 있다. 여기선, "아무리 불을 꺼도 불이 꺼지지 않는 이렇게 환한 밤"이 "나 너무 뜨거운가 봐"[1-121]라는 자기 진단의 결과로 제시된다. 그러니까 저 부정적 분위기 이면엔 때로 매우 긍정적이기 조차 한 '나' 자신의 어떤 뜨거운 욕망이 등을 대고 있는바, 그 근원적 뿌리는 새롭게 눈을 뜨고 싶다는 욕망, 특히 '나'의 어둠과 악몽을 벗어나 '너'를 다르게 보고 싶다는 욕망이다.

네 꿈의 한복판
네 온몸의 피가 밀려왔다가 밀려가는 그곳
그곳에서 나는 눈을 뜰래 〔1-9〕

이렇게 떠진 눈은 '~할래' '~않을래' 하는 식으로 반복되는 종결 어미를 통해 능동적 의지를 표출한다. 그 의지의 밑바탕에는 이미 나/너의 적대적 대결이 없다. 과거에도 드물게 존재했던 희원형의 시편들이 있었으나, '너'는 주로 '나'에 의해 설정된 경계를 일방적으로 침범해 들어와 '나'를 짓밟던 자였다. 그러나 지금은 '나' 스스로가 "내 밖"으로 나가 "네 안"〔1-9〕으로 들어간다…

점점 더 그런 욕망에 시달리는 '나'는 "잠자기는 글렀으니 커피나 한 잔 마셔야겠다"〔1-10〕며 환한 밤을 지새우는 일이 잦아진다. 때로 그 의지가 허해지면, 가끔씩은 이전의 그 "악몽이 배달 온다"〔1-49〕. 그러나 이번엔 내 몸이 그 악몽을 잘 보여주지 못한다. '나'의 몸은 어느새 악몽을 제대로 틀지 못하는 "고장난 영사기"〔1-104〕가 되어버린 것이다. 게다가 그 "네버 엔딩 스토리의 필름들"을 두고 "그건 이미 너와 내가 다 봐버린 것들, 이미 다 살아버린 것들"〔1-103〕이라고 말하는 것을 보면, 악몽들의 구속력과 충격력도 거의 약화된 듯하다. 그러고 보니, '나'의 시는 벌써 기존의 악몽을 뒤집어 엎은 다른 꿈을 다른 영사기 — 다른 감각 — 로 보여주기 시작한다. 밤에도 잠 못 이루는 '뜬 눈'의 욕망이 그려내는 꿈, 상황이 역전되어 "밤이 와야만 너에게로 갈 수 있다(고)"〔1-38〕 상상하는 꿈을.

어쨌거나, 이 새로운 욕망 앞에서 그 광폭하던 어둠은

어느새 "팔딱거리는 어둠"[1-25] 정도로 전락하고, 오랫동안 어둠 덩어리였던 '나'는 그 어둠을 "몸속에서 꺼내"[1-22] 잠재우려 한다.

　　잘 자라 검은 이파리들아
　　내 비명으로 자라는 내 검은 물결, 그림자들아 [1-22]

　이후, 검은색이 부여해온 부정적 이미지의 굴레도 상당 부분 풀려나갈 것이다. 예컨대, 이 시집에서 '나'를 "마주 바라보(는)" "네 두 개의 검은 거울"[1-99]은 단지 '너'의 눈-심연일 뿐, '너'의 부정적 속성을 알리는 지표가 더 이상 아니다. '나'의 눈동자와 똑같은 '너'의 눈동자, 그것은 동등한 위치에 선 타인이라는 거울, 여성을 비춰주는 남성이라는 거울, "너라는 이름의 거울"[1-18]인 것이다.

　다음 색깔로 옮겨가기 전에 덧붙여두겠다. 그 "너라는 이름의 거울"은 곧 "붉은 거울"[1-18]로 넘어가리라는 것을. 마주 보는 두 검은 눈-거울이 보다 관능적인 관계로 발전할 때, 둘 사이에서는 "붉은 것이 치밀(기)"[1-99] 때문이다. 마치 어둠을 "진간장처럼/달이고 달이면/가장 깊은 밑바닥에서" "세상에서 가장 부드러운" "붉은"[1-28] 입술이 떠오르듯이. 이때까지의 붉은색은 "점점 검은색으로 변(해)"[1-118] 갔었지만, 놀랍게도 지금부터는 검은색 밑바닥으로부터 붉은색이 스며 나오기 시작한다.

4

 김혜순 시의 역사 속에서 이번 시집의 붉은색을 제대로 이해하기 위해서는 먼저, 그동안 푸른색과 붉은색을 대신해 검은색을 오래 견뎌온 흰색을 거쳐야 한다. 어찌 보면 모든 색이 탈색된 인고의 색과도 같은 흰색은 검은색의 대척점이되, 그렇다고 어둠에 직접적으로 반대되는 빛과 동일시되지는 않는다. 그리고 두 색은 모두 나의 육체를 매개로 고체화되지만, 애초의 검은색은 기체에 실려 오고 애초의 흰색은 액체에 실려 나간다. 실려 오는 검은색이 외부적 상황이라면, 실려 나가는 흰색은 그 검은 상황에 맞서는 내면적 반응이다. 검은색에 함몰되면 "검게 썩어서 아스팔트 바닥에 문드러진" "여자" [1-67]가 되고, 검은색을 이겨내면 "순결한" "얼음공주" [1-20] ― 이는 지난 시집의 "눈사람" [2-10]과 같다 ― 가 된다.
 김혜순의 시 세계에서 흰색이 제시되는 형태는 다양하지만, 그것의 가장 두드러진 물질적 결정체는 눈이다. 한마디로 하자니 그냥 눈이지, 기실 하늘에서 처음 내려오는 눈에서부터 눈을 뭉쳐 만든 눈사람에 이르기까지, 눈의 내력은 몹시도 길고 굴곡진 여정을 그린다. 한데, 그 여정이 한 바퀴 순환의 원을 그린 것일까, 신기한 것은, 이번 시집에서,

 어디선가 보고 싶다 보고 싶다 함박눈이 메아리쳐와요 [1-13]

하면서 내리는 그리움의 눈은, 김혜순 시의 출발점에서 내리던 바로 그 눈과 꽤 유사하다는 사실이다. 당연히 차이도 있다. 첫 시집인 『또 다른 별에서』(1981)의 「기다림」이란 시에서는, 그 그리움이 상대에 의해 팽개쳐지고 "기다리던" "그 사람이 멀어진다"[8-60]고 마무리됨으로써, 밤을 배경으로 내리는 그리움의 눈은 비극적 드라마를 예고했었다. 간절한 기다림은 한편으론 『우리들의 陰畵』(1990)에 이르도록 계속되지만(이 시집에도 「기다림」이라는 동일 제목의 시가 있다), 그 사이에 『아버지가 세운 허수아비』(1985)에선 다른 한편으로 서로가 '적'이 되어 '대결'하고 '복수'하는, "욕설과 증오가 반죽이 된" "시궁창 같은 사연"[7-18~19]이 이어지며 돌이키기 힘든 관계의 파탄을 쌓아간다. 그때 내리는 눈, 그리움 다음 단계의 눈은 관계를 가르고 단절시키는 폭설이다.

> 그 다음 폭설이 우리와 우리 사이에
> 금을 그었다 [7-56]

이 지점에서 간과할 수 없는 한 가지 사항은, 그리움의 눈이건 단절의 눈이건, 눈이란 것은 영하의 한기를 필요로 한다는 점이다. 눈은 얼어붙은 비다. 그리고 비는, 눈물에 사로잡힌 '나'를 "비나무"[2-134]라고 하는 예처럼, 흔히 눈물의 등가물이다. 그러므로 사실은, 눈보다 먼저 비-눈물이 있었다. "우리 몸 중 물 4분의 3 이상/그것 전부 슬픔"[5-48]이라는 말은 '나'의 몸이 눈물 덩어리라는 말에 다름 아니다. 한동안 '나'는 눈물의 "십년 장마에 반쯤 녹아/키가 줄어든"[5-11] 심리적 상태이기도 했다. 그러면서 "그래그래 다 녹자"[5-11]라는 자포자기에 빠지기도 하는데, 이런 눈물은 곧 자기 소멸의 첩경이기도 하다.

> 하늘나라엔 레인 피플이 사는데요
> 그들은 너무 울고 울어서
> 결국엔 모두 사라지게 된대요 [4-128]

눈물로 허물어진 나는 지하의 "검은 강"[2-105]으로 빨려들고, "추운 밤" 같은 "깊은 바다"[1-128]로 흘러가 파묻혀 죽음에 이르리라. 그걸 막으려면 '나'의 눈물을 흐르지 못하도록 얼려야 한다. "눈물마저 얼어붙도록"[1-106] 만드는 자기 응시의 "싸늘한 눈길"[1-14]이 요구되는 것이다. 그렇게 보자면, 그리움으로 내리는 눈마저도, 그리움은 어쩔 수 없되 그리움으로 무너져서는 안 된다는, 자포자기에서 자기 보존으로 넘어서는 경계선상에 존재하는 빙점의 한기, 마음의 독기가 스며 있는 셈이다(「다시, 불쌍한 사랑 기계」의 "자기 보존 프로그램"[2-137]이란 표현이 생각난다).

그로부터 흰색은 갈수록 더욱 독하게 얼어붙는 마음의 색으로 수렴되어왔다. 비 대신 눈이 내리는 것만으로 끝이 아니다. 내린 눈이 그냥 쌓였다 녹으면 흙탕물이 될 테니까, 나를 보존하려면 눈 그대로 얼어붙어야 한다. 얼음이 되어야 한다. 이 자기 동결은, 안으로는 욕망을 식히고 밖으로는 관계를 끊는 이중적 의미를 지닌다. 그것은 일단, 그리고 거의(끝내 완전치는 못하다는 단서다), 『나의 우파니샤드, 서울』에서 완성되는 듯이 보였다. 밖을 차단하는 "하얀 블라인드 쳐진 방안"은 "모두 흰 눈뿐"이어서 "흡사 냉장고 속 같(고)" '나'는 "일시에 몸에서 열이 다 달아(난다)" 〔4-41〕. 그리고 "누군가 내게 얼음 조끼를 입혀놓은 것" 같이 몸이 "얼어붙(는다)"〔4-42〕. 그렇게 얼어붙은 '나'는 차후 "얼음 아씨"〔2-10〕, "얼음공주"〔1-20〕라 불릴 것이다.

그러나, 이번 시집에서 사태는 다시 반전된다. "얼음공주"인 '나'를 돌아보는 시선은 "얼음나라 얼음공주 얼마나 순결한가"〔1-20〕라는 읊조림을 자조적으로 내뱉는다. 무슨 까닭일까?

나보다 먼저 내 발이 너에게로 가려고 하는 것. 필사적으로 참고 있다.〔……〕내가 이렇게 참고 있었던 건 내가 내 소유의 냉장고를 갖게 된 후부터인 것도 같다. 그러나저러나 나는 생각해왔다. 내 머릿속은 얼음으로 꽉 차 있고, 내 차디찬 발을 만진 사람은 모두 기절한다. 내 가슴속에 들어온 사람은 누구나 입술이 얼어붙는다. 그러니 여기서 한 발자국도 움직이지 말자. 아무에게도 손 뻗지 말자.〔1-20〕

처음엔 오로지 '나'를 지키기 위해서 스스로를 얼렸던 것인데, 이젠 다가가고 싶은 사람이 있어도 다가가선 안 된다. 얼음이 된 내가 그 사람마저 얼려버리니까. 그렇다면 이 얼어붙은 "눈사람"으로서의 삶이란 게 대체 뭐란 말인가, 회의가 피어오른다. 그것은 홀로 고립해 지내며 "조난자"나 죽음으로 인도하는 "히말라야 산맥 속 백설 어머니"〔2-69〕의 삶, "하얀 할머니"〔1-61〕의 늙은 삶, "가도 가도 희디흰 백지"[1-61]의 삶, "희디흰 내 뼈들"[1-126]만으로 부지하려는 삶, 생명을 생명답게 느낄 수 없는 삶이 아니고 무엇이란 말인가. 이쯤 되면 "견딘다는 게 病드는 거"[2-91]란 소리가 나올 만하다.

더구나, 이 냉혹성 — 냉장성? — 과 부동성은 끔찍하게도 '나'를 지켜내려던 적으로서의 '너,' 여성을 강압적으로 억누르던 부정적인 남성상과 어느새 닮아 있다. "빙산처럼 가만히 떠"[2-48] 있는 '나'는 "내 앞에 내 묘비처럼" "섬보다 더 크게 나를 내리누르는 큰/돌"[6-38]로 서 있는 '너'와 다를 바가 없어진 것이다. "여자 시인인 나"[4-49]는, 처음 얼음 덩어리가 되어가던 그 무렵에 이미, 이렇게 자탄한 적이 있었다.

> 나 아버지가 되기 싫어 큰 소리로 말해도
> [……]
> 강철 커튼 아버지 검정 잉크 아버지 기계 심장 아버지
> 칼날같이 갈아진 양손을 모두어야
> 비로소 제 가슴이 찔러지는 그런 아버지
> 애야, 나는 그런 망측한 아버지가 되었구나 [4-50]

아, 이제야 짐작이 간다. 김혜순의 가장 뛰어난 시편들 중의 하나인 「백마」에서 그 말이 왜 까만 말이 아니고 "희디흰 말"[3-19]이었던가를. "방안을 꽉 채워" "나갈 수도 들어올 수도 없게" 만들던 백마, "몸속으로 들어온 백마를 토하려" "농약"을 먹어도 "나가지 않는"[3-19] 백마의 그 요지부동은 돌덩어리, 얼음 덩어리(빙산)의 모습을 연상시

킨다.

  아, 그리고 또 알 것 같다, 애당초 절대 어둠이나 절대 밝음이 따로 있는 게 아니라, 그 둘의 존재 방식이나 농도는 맞물려 있는 상대적인 현상이라는 것을. 예전에 이런 대화가 있었다: "선생님, 낮에는 왜 별이 안 보이지요/여기가 너무 밝아서 그러지요/선생님 낮에 별이 보인다면 어떻게 보일까요/어둡겠지요"〔4-28〕.「백마」라는 시를 다시 언급하자면, 흰색이 요지부동화되면 그에 대비되는 검은색─그리고 그 어둠 속의 악몽─도 극단화된다. 따라서 이렇게 볼 수도 있다, 흰색은 검은색의 요리사라고: "흰 옷 입은 요리사들"〔1-100〕이 "하늘 가득 펼(쳐진)" "검은 날개를" "밤새도록" "구웠다"〔1-101〕. 물론 역으로 검은색은 흰색의 요리사라는 명제도 성립할 것이다.

  그런 깨달음의 과정에서 오는 회한 때문이었을까, '나'는 "냉동실의 얼음이 아무도 모르게 증발하듯, 그렇게/사라지고 싶기도 했다"〔2-48〕. 그럼에도 지난 시집의 두번째 시에 나오는 '나'는 "땡볕" 속에서조차 녹지 않고 "눈사람으로 서 있었(다)"〔2-10〕. 속으로야 어쨌든 겉보기엔 그처럼 "굳센 얼음"이었는데, 그런데 이번 시집 초반부의「얼음의 알몸」에서, '나'는 다시 속수무책으로 눈물이 되어 녹아내린다.

    깊은 밤에 깨어나 우는 사람의 눈물을 받아 먹어본 적 있느냐
    그 <u>굳센 얼음이 녹는</u> 기분이 어떨까 생각해본 적 있느냐

                                          〔1-15〕

이렇게 회한을 씹으며 "다 녹아서 흘러가버린"[1-15] 곳은 어디일까? 결국 바다일까? 이번 시집의 마지막 시에서, '나'가 "찬물 속의 찬물처럼 나 흐느끼는데"[1-128]라는 지경인 것을 보면, 아마도 그런 모양이다. 원래 "내 몸뚱이 모습 그대로 걸어가는 물"[2-151]인 '나'는 "너에게로 한없이 흐르고 싶은 이 물이,/하늘하고 수평으로 나란히 눕고 싶은 이 물이"[2-99] 되고 싶다는, 수평적으로 흐르는 물의 삶을 소망했었으나, '너'와의 파탄과 무모한 자기 동결의 과정을 거치며 결국 수직적으로 하강하는 물의 운명을 벗어나지 못한 것이다. 여기서 바다는 이때까지의 실패한 삶을 묻는 상징적 죽음의 자리가 된다.

그렇지만 우리의 상상력 속에서 바다는 죽음의 자리인 동시에 재생의 자리이기도 하다. 우리가 잊지 말아야 할 것이, 그렇게 바다에 흘러들어 일단 죽는 '나'는 요나처럼 재생을 꿈꾸고 있다는 것이다. 아니, 「그녀, 요나」라는 시를 보면, 그 이상이다.

> 어쩌면 좋아요
> 고래 뱃속에서 아기를 낳고야 말았어요
> 나는 아직 태어나지도 못했는데
> 사랑을 하고야 말았어요 [1-12]

다시 태어나기도 전에 이미 태어난 후의 사랑과 사랑의 열매 — 아기 — 까지 상상적으로 선취하고 있는 '나'에게 무엇보다도 절실한 것은 그 사랑의 관계 자체이다. 얼마나 절실하냐 하면, "아직 태어나지 않은" '나'의 새로운 모습을 그려가고 있는 존재부터가 "아직 보지도 못했는데" "자꾸만 자꾸만" "보고 싶은" "당신"[1-12]일 정도이다. 보지도 못했는데 보고 싶다니! 새로운 '나'로 태어나서 새로운 '너'를 만나는 게 아니라, 보지도 못한 새로운 '너'가 새로운 '나'를 그려 태어나게 한다니! 여기서, "내 몸 밖으로 한번도 나와보지 못한 그 여자" ─ 또 다른 '나' ─ 를 "구해주는 상상을"[1-52] 하는 이 재생-구원의 상상력은 '나'를 죽음-파멸의 상상력으로 이끌었던 것이 관계의 파탄이었다는 뼈저린 자각을 완벽하게 뒤집는다.

시간적 맥락이 전도된 이 상상력은 어쩌면 실현 불가능한 꿈에 불과할지 모른다. 그럼에도 꿈은 꿈대로 꿈의 욕망에 따라 스스로를 구체화하며 현실과 맞서는 법이다. 「꿈속에 꿈속에 꿈속에」라는 시에서, 보다 분명히, 바다는 나를 잉태한 "엄마의 잠 속" ─ 엄마의 뱃속 ─ 이 되고, 파도는 "엄마들의 물결"[1-60]이 된다.

> 바다에서 바다를 낳으려고 몸 풀고 있는 파도
> [······]
> 아침이면 햇님 떠올라 붉은 양수로 가득 감쌀 내 몸 [1-60]

그렇게 해서 붉은 양수의 바다가 떠오른다. 그러나, 바로 위에서 보았듯 '나'를 태어나게 할 '너'가 먼저 있어야 한다면, 붉은 바다에 이르기에 앞서 먼저 푸른 바다를 넘어야 한다. 왜냐하면, 언젠가 이렇게 예언한 적이 있었기 때문이다.

내가 너를 만나려면 나의
저 푸른색을 다 건너가야 하리 〔2-119〕

이에 앞서, "입천장에 덮인 검은 비닐/같은 저 먹구름을 걷어줘"라고 "푸른 파도가 소리(치는)"〔2-119〕 것은 그 예언의 길을 여는 전조이다. 먹구름이 걷히면 "검은 물결"〔2-120〕은 푸른 물결이 되고, 그 푸른색을 다 건넌 자리에서 푸른 물결은 붉은 물결이 되리라.

5

푸른색으로 넘어가기 전에 삽화를 한 장 끼워두어야겠다. 이번 시집의 한 특성은 '너'의 모습이 이전과는 너무도 판이하게 다르다는 점이다. 이전의 '너'의 모습은 사실 너무도 즉물적이었다. '나'는 수평적으로는 수없이 다른 '나'들로 증식하고 수직적으로는 할머니-어머니-나-딸로 대를 이어 펼쳐지는 데 반해, '너(-그)'는 첫 시집에서

붙으면 도망간다, 그는. 겁을 먹고 도망간다.
도망가면서 나는 너의 아버지니까 접근 엄금이라고 말한다.
〔8-19〕

라고 진술된 이후(왜 그때 그가 겁을 먹고 도망갔는지는 언젠가 따로 따져봐야 할 문제다), 거의 언제나 아버지와 동일한 이미지로 고착되어 있었던 것이다. 아버지의 이미지는,

이번 시집에서도 "아버지가 집에 돌아올 때면/밥상 위의 그릇들이 벌벌 떨었어요"[1-78]라고 표현되듯이 늘 두려움, 공포와 결부되어왔다. 그 공포의 진원지에 "아. 버. 지. 의. 매. 질."[6-81]이라는 원초적 상처가 있었다면, 그게 무의식적으로 '너'-남성으로 확대된 공간에서는 "사내들은 그 회초리를 꺾어/여자들을 때린대요"[1-115] 같은 말이 튀어나온다.

그런데 이제 더 이상, '너'는 '아버지'가 아니다. 이번 시집에서 연출되는 가장 놀라운 장면 중의 하나가 바로 아버지-너(그)를 아버지/너(그)로 분리시키는 광경이다. 보라!

> 그녀가 온다. 한 발자국 한 발자국 내디딜 때마다 그녀의 마음이 내게로 온다. 내 마음이 둥둥 울린다. 이렇게 두꺼운 아버지의 고막을 찢고 그에게 가리. 〔……〕 나는 그녀가 잘 지나가라고 내 몸을 판판하게 펴준다. 〔……〕 그녀가 온다. 천둥 번개를 안고 온다. 아버지의 북이 둥둥 울릴 때마다 내 안의 병사들도 출정한다. 〔……〕 아 <u>아버지</u>, <u>이</u> 북을 <u>찢고</u> <u>그를</u> <u>만나리</u>. 그녀가 울면서 온다 [1-47~48]

낙랑공주와 일체화되는 과정 속에서, 이제 '나'는 아버지와 맞서 아버지의 북을 찢는다. 그리고 아버지로부터 해방된 새로운 '그(너)'를 만나려 한다. 그 '너(그)'는 '나'처럼 "당신 속에는 또 하나의 당신이 들어 있(는)"[1-16] 복합적 존재이며, 심지어 "돌"이 아니라 "물로 된 사람"[1-109]이기조차 하다. '너'는 마치 '나'와 "쌍둥이 태아"[1-

25]와도 같은 존재인 것이다. 너와의 관계 속에서만 내가 새로 태어날 수 있다면 분명 너는 나의 쌍둥이 태다.

다만 여기에는 "아직 생기지도 않은"[1-25]이라는 단서가 붙어 있다. 그런 '너'는 분명 "내 앞에 있으면 좋을"[3-100] 존재이지만, 현실적으로는 아직 "어디에서도 너를 찾을 수 없는"[1-41] "부재자"[1-17]이다. 그리움의 표상인 "쏟아지는 눈보라"를 보며 "마침내 너는 오고"라는 환각에 빠질 때, 이어 "나 너무 뜨거운가 봐 단 한 송이도/너를 안을 수가 없어"[1-121]라고 한숨을 내뿜을 때, 우리는 '나'의 갈망이 빚어내는 '너'의 환상적 현존과 현실적 부재 사이에 파인 깊은 괴리를 본다. 이 괴리가 낳는 상반된 두 마음의 움직임을 「O」라는 시는 동시에 보여주고 있다.

우리가 <u>마주</u> 앉으면
우리는 O가 되어요
당신은 (가 되고
나는) 가 되어요
[······]

당신과 나는 여기 두고
O가 산책을 나가네요
[······]

엄마 나는 O에 빠져 있어요
엄마 나는 사라져가고 있어요, 엄마 나는 무서워요
[······]

    마주 앉은 우리를 여기 두고
    O는 아직도 돌아오지 않아요 〔1-30~31〕

  처음은, 그 괴리를 통해 오히려 '나'가 꿈꾸는 '너'와의 관계가 더욱 가열되고 절대화된 이상의 형태로 그려진 경우이다. 그것은 "두근거리는 무한"〔1-33〕으로서의 "너와 함께 내가/저 머나먼 밖을 내다볼 수 있을 것만 같(은)"〔1-76〕 상태, 함께 미래를 공유하는 완전한 전체로서 하나가 되는 상태이다(이번 시집에는 '우리'라는 대명사가 눈에 띄게 여러 번 등장한다). 반면, 뒷부분은 그 역방향의 불안으로 치닫는다. 산책 나간 그 합일에의 꿈이 어디로 갔는지 알 수가 없는 것이다. 이때는 다시 "핏방울이" "점점 검은색으로 변하더니" "저 숨 막히게 크고 검은 호수"가 "온몸 가득 차 올라"〔1-118〕, 지난날 악몽 속에 빠져들던 그 모습에 가까워진다(아마도 그래서, 이 시집에 군데군데 이전의 악몽 같은 시편들이 끼어 있는 것이리라).

                              6

  김혜순의 시 세계에서, 푸른색은 청색과 녹색을 두루 아우른다. 하늘·바다 등과 연결될 때는 청색의 느낌이, 식물적인 것과 연결될 때는 녹색의 느낌이 당연히 더 강하지만, 그 두 색은 자연이라는 하나의 본류로 통합된다. 흥미로운 사실은, 그 푸른색이 이번 시집에서는 매우 드물게 나타난다는 것이다. 이번 시집까지 이르는 여정에서, 푸른색의 중요한 역할은 지난 두 권의 시집에서(더 정확히 말해, 그 전의 『나의 우파니샤드, 겨울』 끝부분부터 시작하여), 특히 『불쌍한 사랑 기계』에서 이미 수행되었기 때문인 듯하다.

이 푸른색은 "새파란 처녀"[1-77] 같은 관용적 표현이 으레 환기시키듯이 일차적으로 싱싱한 생명력을 표현한다. 그러나 '나'에게는 그 생명력이 늘 슬픔과 짝을 이룬다는 게 문제이다.

내 몸속에서 너와 다니던 길들이 터져
<u>검은 피</u>, 흐르기 전에
<u>슬픔의</u> <u>푸른</u> 상자는 못질해 저 공중에 감춰둔 채 [1-42]

이 시에서, 푸른색이 슬픔과 결부되는 것은 표면적으로 검은색과의 관계 속에서이다. 덧붙여 우리가 저 앞에서 읽은 「이다지도 질긴, 검은 쓰레기 봉투」라는 시를 상기하자면, 그때 "푸른 종이 상자"에서 "튿어지던" "희디흰 크리넥스"는 검은색 —— 저녁 어둠 —— 속으로 "날개 없는 새"처럼 가라앉았었다. 두 시를 합쳐 읽자면, 검은색을 피해 감춘 푸른색에서 흰색이 나와 검은색 속에 가라앉는 것이 된다. 푸른색을 감추게 하고 흰색을 가라앉게 하는 검은색은 어디서 오는가? 푸른색은 왜 "슬픔의"라는 수식어를 다는가?

위 인용의 첫 행은 이 모든 것이 과거와 관련되어 있음을 암시한다. "검은 피"는 과거에 "너와 다니던 길들이" 덧난 추억의 상처처럼 "터져" 흘러나온다. 그 과거는 필시 관계의 파탄이 오기 전, "저 세월의 바다에 잠긴 내 푸른 사진들/푸른 이끼 퍼진 얼굴이 껴안은 푸른 내 애인"이 있던, 젊고 행복했던 "청색시대"〔3-14〕였을 텐데, 지금은 상처가 되어 있고, 그 "상처받은 사랑"〔5-102〕이 덧나지 않게 하려면 감추어두어야 한다. 그러나 그것을 "저기 저 먼 하늘"의 "푸른 고막" 뒤에 "두꺼운 자물쇠로"〔1-117〕 잠가두자면, 동시에 '나'는 자신을 얼음처럼 얼려야 한다. 이미 저 앞에서 본 것처럼, 그래서 늙은 "백설 어머니" "하얀 할머니"가 되는 것이다. 그렇다면 더 근본적으로 보아서, 슬픔은 그 "백설 어머니"가 "새파란 처녀"를 보는 시선 속에서 산출되는 것 아닐까?

나는 왜 나이 먹어서도 그 새파란 시절로,
그리로 자꾸만 돌아가는지 〔2-18〕

그렇다, 그 시선은 일찍이, "울트라마린 블루"를 "사색과 슬픔의 빛"이라 부르며 "바다는 무서워 저 푸른 하늘은 더욱 무서워요 〔……〕 저 짙푸른 바다는 끓어요 독약처럼 끓어요"〔4-116〕라고 울부짖었을 때, 요컨대 그 "짙푸른 바다"를 "독약"으로 절감했을 때, 이미 극단적 역설로 나타나 있었다. 검은 어둠 속에서 흰 얼음으로 버티는 '나'에겐, "블루의 이 소름끼치는 역류"〔3-62〕가 차라리 악몽이었던 것이다.

악몽이네, 하늘색 부처를 든 그녀가 벌써

[……]

내 어리신 그녀가
이내 몸에 또 한 번 깃드시겠다고 계단을 올라오네 [2-33~34]

그럼에도, 어느새(라고는 하지만, 이 미묘한 변화의 간격은 김혜순 시의 역사 속에서 6년이나 된다), 그런 자신을 한 발자국 떨어진 듯 바라보는 위 시구의 어조는 그리 고통스럽지 않다. 오히려 다시 그 푸른색을 받아들이고 싶다는 느낌마저 풍긴다. 실제로 나는 "내 피부에 이끼가 돋는가 보다"[2-91] ─ 이끼는 푸르다 ─ 고 느끼기도 한다.

얼음의 마음이 흔들리는 것은, 밖을 차단하고 밀폐된 자기 속만을 차갑게 응시하던 시선이 문득 하늘을 향하며 "그러나 고개 들어 쳐다보니 아, 푸른 거울!"[3-42] 하고 감탄-한탄하는 순간들을 통해서이다. 생명이 순환하는 자연의 거울에 비추어진 주검 같은 자신을 내던지고 싶은 순간들. 더구나 자연의 거울이 시의 가장 근원적인 원천이기도 하다면, 특히 시인으로서의 '나'는 자신이 스스로 몰고 나간 그 모순과 직면하지 않을 수 없다. 다음 구절은 그런 '나'의 심적 상황을 모순-결합적으로, 모순-복합적으로 드러낸다.

**흑고양이 뮤즈의 눈빛은 유리를 뚫을 만큼 파랗게 얼음
불꽃이었다**
새로 산 냉장고 뮤즈도 밤새도록 무서워 떨었다 [3-96, 고딕체는 원문대로임]

고딕체로 시인의 자의식을 드러내는 구절의 이 흑고양이는 「사색과 슬픔의 빛, 울트라마린 블루」에서 "어둠 속"의 "도둑고양이"로, "어두운 얼굴에 푸른빛 별을 두 개씩 매단 그림자"[4-118~19]로 등장했었다. 그때의 그 고양이는 단지 어둠 속을 마구 헤집고 다니는 — "뛴다 난다 넘는다"[4-119] — 밤의 무법자처럼 묘사되고 있다. 그러나 그 밤-어둠이 애당초 억압적인 것이라면, 그 억압을 헤집는 게 부정적인 것만은 아니다. 어쩌면 시란 것이 그런 것 아닌가.

아마도 그런 인식의 연장선에서 흑고양이는 뮤즈가 되는 것이리라. "이사 올 때" "버리고 왔(던)" "눈이 파란/흑고양이"[3-96]가 다시 '나'를 찾아온다. 실은 그 이전에 이미 "파란 인광을 내뿜는 내가"[4-23]라는 표현을 쓴 적도 있다는 것을, 우리는 기억해둘 필요가 있겠다. 어둠 속에서 어둠에 물들어 몸은 검어지고 어둠을 견디려는 마음은 흰 얼음이지만, 파란 뮤즈의 눈빛은 그 얼음이 곧 불꽃이게 만든다("파랗게 얼음/불꽃이었다"는 '파랗게-얼음,' '얼음-불꽃,' '파랗게-불꽃이었다'는 삼중의 모순어법을 한 묶음으로 보여주는 교묘한 수사법이다). 그러니, 얼음의 마음으로 시를 쓰게 하는 "냉장고 뮤즈"도 있기는 있으나, 이 파란 눈빛 앞에서야 어찌 벌벌 떨지 않을 수 있겠는가.

이번 시집에서 시인으로서의 '나'는 그 푸른색을 온전히 복원한다. "하느님이" "바다의 목장"에서 "길렀(던)," "유유히 풀을 뜯으며 잘도 자랐(던)" "바다소"[1-83]를 먹고서.

> 이번엔 하는 수 없이 내가
> 그 푸른 소 한 마릴 다 드셨다.
> 내 몸에 푸른곰팡이가 확 슬고
> 나는 도통 추위를 못 느끼고 영하의 거리를 쏘다녔다 〔1-84〕

'나'는 더 이상 얼지 않는다. 그리고, "어딜 가나 바다가 내 두 귀를 잡은 채/하루 종일 철썩거(린다)"〔1-84〕. 자연이 내 속에 함께 있는 것이다. 물론, 시집 전체가 이런 상태로 고스란히 유지된다는 말은 결코 아니지만, 적어도 시적 자아로서의 '나'에게, 이 힘은 이제 다른 어떤 힘과도 맞설 만큼 강하다.

이처럼 시적 정신을 되살리는 푸른색이 하늘이나 바다 같은 대자연의 청색에 가깝다면, "새파란 처녀"처럼 구체적 실존을 형용하는 푸른색은 상대적으로 ─ 그 구별이 선명한 건 아니지만 ─ "일일이 제 몸 저며낸/나뭇잎들"〔1-22〕의 그 식물적인 녹색 쪽으로 쏠린다. 간단한 예로, 동물임에도 "연초록 병아리떼"〔3-33〕라고 표현하는 경우가 그렇다. 하지만, 그렇게 녹색에 친연적인 것들이 이번 시집에서는 붉은색에 훨씬 더 많이 감싸여 있는데, 실은 지난 시집부터 그런 조짐이 나타나고 있었다. 지난 시집의 종반부에 배치된 「柳花」라는 시에서 동일한 이름을 가진 설화 속의 여자가 "타오르는 능수버들잎"이 될 때, "초록 불꽃" "초록으로 끓는 용광로"〔2-138~39〕의 이미지가 번질 때, 우리는 이 푸른색이 붉은색으로 진전할 수밖에 없음을 알게 된다(불꽃, 용광로 등은 붉은색의 환유체들이다).

더 거슬러 올라가면, 「青色時代」라는 시에서, 푸른색

("청색시대")으로부터 붉은색("장밋빛 시대")으로의 이런 변모 혹은 이동은 이미 어느 정도 예견되었었다.

> 피카소는 어떻게 뼛속의 바다를 건너
> 장밋빛 시대의 암술 속으로 들어갈 수 있었을까 [3-15, 고딕체는 원문대로임]

문제는 다만, "어떻게"였다. 그런데 대답의 단서도 이미 "고양이 뮤즈"의 눈빛 속에 들어 있었다. 그 "파랗게 얼음/불꽃이었(던)" 눈빛. 여기서 얼음을 매개항으로 한 첫 '파랗게'와 마지막 '불꽃'의 모순적 결합은, 「柳花」의 경우와 마찬가지로, 일반적으론 불이 붉은색과 훨씬 더 가깝기 때문에, 파란색 → 불꽃 → 붉은색이라는 상상적 이동을 자연스럽게 이끄는 것이다.

7

김혜순의 시 세계에서, '나'가 스스로를 희게 얼리는 동안, 붉은색은 검은색 발아래 밟히며 스러져가는 불과 같았다.

> 불이 꺼져가는 영혼처럼 헐떡인다. 불이 많이 아픈가 보다. [……] 불은 이제 검은 수의의 품속에 혼자 들어갈 거라는 걸 알고 있나 보다. [2-108]

검은색에 갇힌 이때의 붉은색은 그 붉은색이 표상하는

어떤 속성들 — 단순한 예로 열정 같은 것 — 을 오히려 부정적으로 금지시키는, "아니다 아니다/붉은 가위표를 치(는)"[4-96] 기호로 작동하는 경향이 강했다. 그러나 푸른색과 맞물리며, 붉은색은 순수한 자연과 생명의 색채로 되살아난다. 이번 시집의 붉은색은, 다음 구절들이 보여주듯, 푸른 하늘과 푸른 바다 — "저 푸른 두 개의 거울"[1-98] — 사이에서 태어나는 새벽의 붉은 태양처럼 자연 그 자체로 떠오르고 있다.

> 하늘과 바다는 오랫동안 마주 보았을 거야
> 마주 세워놓은 두 개의 거울처럼
> 두 개의 거울 사이로 태초의 비명
> 첫 태양이 치밀어 오르면 [1-97]

핏덩이로서의 "붉은 아기"[1-60]를 떠올리게 하는 이 장면은 흡사 "싱싱한 영양을 퍼 올려" "줄기들 속으로 젖물을 퍼붓는" 나무가 푸른 잎의 "초록 비린내"를 풍기다가 "분홍색 꽃"[3-73]을 피워내는 것, 푸른 나무에서 붉은 꽃이 피는 것과 같은데, 동시에 유념할 점은, 두 색이 서로 꼬리를 물고 도는 두 마리 뱀인 양, 그 푸른 나무를 키우는 것이 사람의 붉은 피와도 같은 수액으로 제시되고 있다는 것이다.

> 쉬지 않고 붉은 물 끌어 올려야만
> 살아갈 수 있는 나무 한 그루 [1-85]

이를테면 붉은색이 푸른색을 키우고, 푸른색은 붉은색을 피운다. 이를 '나'의 육체적 차원으로 옮기면, 속으로는 붉은 피가 흐르는데 겉으로는 푸르게 보이는 "정맥의 강가에서" 붉은 "열꽃"〔1-56〕이 피는 것이 된다.

이 순간, 그런데 참으로 신기하다는 느낌이 물음표를 그린다. 이처럼 붉은색을 끌어 올리고 꽃피우는 힘이 느닷없이 어디서 나타난 것일까? "알코올에 절여진 붉은 나무"〔1-85〕라는 표현으로부터 유추하자면, 그것은 술이다. 그렇다면 김혜순 시인의 시적 상상력의 원천이 바쿠스로 바뀌기라도 한 것인가? 적어도 이번 시집의 새로운 경지인 붉은 상상에 관한한 그런 것 같다. 그 시들은 그녀가 처음 발견한 "붉은 거울"에 비춰져 나온 것들인데 거기엔 "한 잔의"〔1-18〕라는 한정어가 붙어 있고, 거기 담긴 것은 술 자체가 이미 붉은 술, "붉은 포도주"〔1-17〕이다.

> 아직도 여기는 너라는 이름의 거울 속인가 보다
> 발걸음이 떼어지지 않는다
> 고독이라는 것이 알고 보니 거울이구나
> 비추다가 내쫓는 붉은 것이로구나 포도주로구나 〔1-18〕

이 시는 '나'의 고독과 취기가 새로운 '너'를 상상해냈음을 명증하게 보여준다. 취기에서 깨어나면 다시 고독으로 내쫓기더라도, 취기가 '너'를 창조한다. 이미 지적했던바, '너'는 실체가 아니어서, 창조된 것이 "너라는 이름"뿐이긴 하다. 그러나 그것이 혹, 시인의 언어유희가 만들어낸 "물구나무"라는 나무 — 물이 거꾸로 치솟는 분수 — 의

술주정 같은 "주문"〔1-86〕에 불과하더라도, 그 이름은 언젠가 실체를 부를 수 있다는 꿈의 현현이자 다른 삶으로의 추동력인 것이다.

그 꿈은 지극히 연금술적이다. 상극인 물과 불(알코올)을 한 몸으로 섞은 술이 애당초 연금술의 한 상징물이듯이, 내가 펼치는 꿈은 이제까지 극과 극이었던 '너'와 '나'를, 남성과 여성을 하나의 원으로 통합해나간다(벌써「O」이라는 시를 읽었었다). 마주 보는 하늘과 바다 사이에서 태양이 "치밀어" 오르듯이 "마주 앉은 두 얼굴 사이에서 붉은 것이 치밀었다"〔1-99〕는 구절의 허구적 과거 시제— 부재하는 '너'와 같이 있었다고?—는, 저 앞의 「그녀, 요나」에서 보았던 전도된 상상력의 연장선에서, '나'의 그 꿈이 얼마나 절실하게 육화되어 있는가를 증명해주고 있다.

그리하여 이제, 치밀어 오른 "붉은 것"은 뜨거운 피, 불(열), 꽃 등으로 물질화되며 거침없이 치달린다. "몸 내부로만 꽂힌 수만 개의 붉은 전선들" 때문에 '나'는 "냄비처럼 끓기 시작(하고)"〔1-10~11〕, "너무 위태로워 오히려 찬란한/빨간 피톨의 시간이 터(진다)"〔1-9〕. 문득 "희망이 썩어버린 네 뒤통수"라며 "마침표"를 찍으려 해도, 마침표를 "움켜쥔" 손은 "뜨거워, 앗 뜨거, 견딜 수 없(고)," "피를 가득 머금어 드디어 정신이 나가버린/내 심장을 더 이상 이렇게 가눌 수는 없어"〔1-32〕 어쩔 줄을 모른다. 그래서 "두개골 위로 붉은 살 꽃이" 닭의 "벼슬"처럼 "핀다"〔1-71〕. 그 심장, 그 두개골이 한사코 바라보는 것은 "얼굴들이 불꽃 속에서 하나로 겹쳐(지는)" "껴안은 연인들"〔1-89〕이다.

오로지 사랑의 열정에만 사로잡혀 있는 듯한 이 모습은 도대체 무엇을 뜻하는 것일까? 이 질문은, '나'는 애초에 무엇으로 다시 태어나고 싶었는가—라는 질문으로 바꿀 때보다 효과적이다. 예컨대 앞서 1연을 읽었던 「그녀, 요나」의 다음 2연과 3연을 잇자면, "바다 속에서 아직 태어나지도 못한" '그 여자'('나')는 '당신'에 의해 어떤 그림 속의 어떤 모습으로 완성되기를 바라는가?

> 어쩌면 좋아요
> 당신은 나를 아직 다 그리지도 못했는데
> 그림 속의 내가 두 눈을 달지도 못했는데
>
> <u>그림 속의</u> 여자가 울부짖어요
> 저 멀고 깊은 바다 속에서 아직 태어나지도 못한
> 그 여자가 울어요 그 여자의 아기도 덩달아 울어요 [1-12]

"찬 물결 시린 몸으로 왔다가 갔다가" 하기에 지친 "그녀"에게, '나'는 "붉은 장미 한 송이"[1-36]를 갖다 주고 싶어한다. 아니, 더 나아가 '나'는 "그녀가 낳은 알뿌리를 옮겨 심고/거기에 꽃처럼 맺혀 서 있(는)"[1-51] 상상을 한다. 알뿌리는 재생에의 꿈 자체이고, 꽃은 분명 장미꽃일 터, '나'는 푸른 바다에서 다시 태어난 붉은 장미와 같은 존재가 되고 싶은 것이다. 만약 그와 같은 사람(이면서 동시에 초월적인 존재)의 모습을 그림으로 그린다면? 그건 비너스 아닐까? 지난번 시집 속에 감추어져 있는 한 은밀한 이미지가 이런 추측을 뒷받침한다.

그러나 시방은 다시금 내가 그 바다에서 걸어나올 시각
나는 가슴에 나란히 포갰던 손을 풀고
오대양 육대주 넘실거리던
내 두 눈동자의 주름을 거두어 들고
이불 밖으로 몸을 솟구쳐올린다 〔2-12〕

 시적 묘사와 도상이 꼭 일치하는 것은 아니나, 우리는 능히 이 이미지를 보티첼리의 「비너스의 탄생」과 겹쳐놓을 수 있다. 불그스레한 꽃송이들—장미는 아니지만—이 난분분한 초록색 바다를 배경 삼아, 바닷가 짙푸른 나무 아래, 불길 같은 붉은 머릿결을 흩날리며 바다 속 이불인 조개껍질 위로 몸을 솟구쳐올리는, 곧 붉은 가운을 입을 찰나에 있는 알몸의 비너스! 왼편 아래쪽을 비껴 바라보는 그녀의 시선은, 혹시 그림을 완성하고 주저앉아 넋을 잃고 자신을 바라보는 보티첼리를 마주 보고 있는 건 아닐까? 시 속의 '나'가 그토록 애절하게 자신을 그리는 '당신'을 보고 싶어했었듯이…

 절대적이고 열정적인 에로스의 화신인 비너스가 '나'의 재생의 모델이었다면, 붉은색 혼자만의 상상적 드라마가 끝없이 타오르고 끓는 것은 너무도 당연하다. 이 열정에는 사랑 그 이외의 군더더기가 필요 없으니까, 그 움직임은 불 보듯 선명하고 직선적인 것이다. 나는 오로지 사랑한다, 고로 나는 존재한다!

 솔직히, 우리는 이 단순하면서도 도저한 상상이야말로 이번 시집의 가장 황홀한 경지로 느낀다. 그러나, 언제나 그러했고 여기에 이르는 동안에도 충분히 확인되었듯이, 그렇게 상상하는 '나'만이 이 시집의 전부는 아니다. 그렇게 상상하는 '나'를 다른 시각에서 바라보는 또 다른 '나'들이 무수히 포개져 있는 것이다. 다시 그러나(라는 반접으로 한 번 더 뒤집건대), 그 다른 착잡한 시선들 속에서, 그럼에도 불구하고 그것들을 헤치고 피어났기 때문에, 이 상상은 더욱 아름다운 꽃이 아니겠는가.

8

'나'의 붉은 상상을 다른 각도에서 바라보는 시선의 문제를 에필로그로 삼자면, 그 근본은 역시 상상과 현실의 다면적 관계일 것이다. 이 관점은 틈틈이 짚고 넘어온 그대로, '나'의 사랑을 완성시켜줄 '너'가 실제로는 아직 존재하지 않는 "부재자"이며 결국 '나'는 "부재자의 인질"[1-17]이라는 사실에서 비롯된다. '나'와 '너'의 현실적 관계는 "우리의 침대는 서로 다른 대륙에 놓여"[1-37] 있는 것과 같다. '나'는 "붉은 이슬 한 방울"의 방, "나 혼자 너를 사랑하는 방"[1-78]에서 그 모든 것을 상상하고 있을 따름이다.

과연 이 결핍을 채우려는 욕망이 현실로 충족될 수 있을까? 더구나 스스로 완벽한 비너스를 꿈꾸는 '나'가, '너' 역시 "네 살갗 밑"이 온통 "장미꽃다발"[1-9]이기를 바란다면, 이 만남은 영원히 불가능한 것이 아닐까? 과연, "애타고 애타는 몸짓이 있었을 뿐"[1-26]이라고 느끼는 순간,

'너'는 무한한 상상의 대상일 뿐이므로 "무한해져서 오히려 사라져간다"[1-33]고 느끼는 순간, 역설적이게도 "나는 기다림에 화상 입은 몸"[1-117]이라고 느끼는 순간, 끓는 "내 몸에서 내가 쉭쉭 빠져나간다/물이 다 졸아붙는다"[1-11]고 느끼는 순간, 상상의 "파도치기 지쳤어요"[1-35]라고 말하는 순간들이 있다. 그렇게 마음에 구름이 끼면 — 그래도 "붉은 구름"[1-42]이긴 하다 —, '너'도 지우고 '나' 스스로도 사라지고 싶어진다.

이제, 마셔버린 물처럼 그렇게
너를 지워버릴래
[……]

온전히 만나지도 못했던
그 안타까움의 절정에서 그만 사라져버릴래

[……]
너무 가벼워 숨 막힌 그 노래
누군가 채록해가기 전에, 그만
이제 그만 이 몸의 <u>붉은 벼랑</u>에서 뛰어내릴래
<u>노을이 지기 전에</u> [1-42~43]

이 시에서 '나'는, 상상은 충만해 있으나 그것이 동시에 현실적 결핍임으로 인한 "안타까움의 절정"인 어떤 순간을, "붉은 벼랑"의 끝인 순간을, "단번에 죽기 좋은 순간"[1-85]으로 생각하고 있다. 이때 우리가 초점을 맞추는 부

분은, "노을이 지기 전에"라는 단서를 통해, 자신의 붉은 상상이 일출에서 일몰로 시간의 원을 그리는 자연적 순환 속에 존재한다는 것을 암암리에 드러낸다는 점이다. 그런즉, 이 상상력은 너무도 인간적이다. 에로스의 절대적 원형으로 신격화된 비너스는 불멸이지만, 비너스를 꿈꾸는 인간은 아무리 꿈을 꿔도 그렇게 될 수 없다. 인간은 필사의 육체적 존재이므로.

나아가 이 상상은 여성적이다. 위와 같은 자각은 밤에 떠서 밤에 지는 달을 통해 '나'가 이미 오래 전부터 여성의 몸으로 체득하고 있었던 바이기 때문이다. "내 몸에서 달이 다 빠져나간 밤"[1-41]이라든가 "아랫배 불룩하게 달 가진 엄마와 딸"[1-68] 같은 표현들에 금방 나타나지만, 달은 여성성과 밀접히 관련된 은유체이다. 초승달에서 만월로 차오르고 다시 하현달로 기우는 달의 순환은 여성의 몸이 잉태의 능력을 가졌다가 비우는 과정과 맞물려, '나'의 육체적 상상력을 남성적인 것과 구별짓게 만든다. 그러나 지금 그 발상법을 계속 키워 논의한다는 것은 불가능하기 때문에, 여기서는 다만, 이 시집에 이르러 마침내 달의 순환은 태양의 순환과 맞물리며 하나의 온전한 원을 그리게 — '너'와 '나'가 맞물려 원이 그리듯이 — 되었다는 점만을 지적해두도록 하겠다.

그러면서 마지막으로 묻자. 그렇다면, 그처럼 온전한 전체를 보는 시각에서 현실과 상상을 하나의 총체적 틀로 조망할 때, 그 속에서 '나'의 붉은 상상은 어떻게 보일까?

    얼어붙은 토왕폭 중간에

빨간 옷 입은 등산가 한 사람
　　몇 시간째 매달려 있다

　　[……]

　　모두 참 위태롭다 [1-126]

　한마디로 그 상상은 "위태롭다." 그러나 위 시의 제목이 「살아 있다는 것」임을 잊어선 그 진정한 의미를 놓치기 쉽다. 그 상상만이 유독 위험한 것이 아니다. 우리에겐 살아 있다는 것 모두가, 애당초, 위태로운 것이다. 그 총체적 위태로움 속에서 '나'의 붉은 상상 역시 위태롭지만, 동시에 삶 자체의 위태로움을 가로질러 끝내 살아가도록 만드는 뜨거운 술이며 피이기도 하다. 이런 걸 일컬어 '이독제독(以毒制毒)'이라고나 할는지…

　이 시집의 맨 마지막 시에서 화자인 '나'가 시인 '김혜순'의 이름을 그대로 드러내는 것도 의미심장하다. 상상에만 빠져 있는 데 지쳤는지 그녀는 자신의 죽음을, "탄생의 그 종착역"[1-127]을 응시하고 있다. 그래서 시의 전체적 색채는 어둡지만, 중요한 점은 그녀가 마지막까지 '너'에 대한 상상을 놓지 않고 있다는 것이다. 오히려 그녀는 현실에서 성취 불가능한 그 상상이 죽음을 통해서 완결될 수 있는 지고한 것임을 시적 역설로 내비친다.

　　매일 매일 가라앉는 꿈, 그 속의 잠수함
　　세상에서 제일 무거운 시체처럼 나는 네 속에

비로소 탑승하게 되는 거겠지?
그러니 부탁이야, 고장난 수도꼭지처럼 헐떡거리며 서 있는 김혜순을 잊지는 말아줘 〔1-128〕

　상상의 "절벽 위에 서 있는"〔1-127〕 시인이여, 그대 상상을 채워줄 '너'는 끝내 어디에도 없겠지만, 우리에게서 작은 위안을 받으시라. 그대의 처절하고 뜨거운 시와 한 몸이 된 독자로서, 우리는 '시인 김혜순'을 잊지 않으리다… ▨

■ 김혜순 시인의 시집들을 발간 역순으로 정리하면 아래와 같다.
1. 『한 잔의 붉은 거울』, 문학과지성사, 2004.
2. 『달력 공장 공장장님 보세요』, 문학과지성사, 2000.
3. 『불쌍한 사랑 기계』, 문학과지성사, 1997.
4. 『나의 우파니샤드, 서울』, 문학과지성사, 1994.
5. 『우리들의 陰畵』, 문학과지성사, 1990.
6. 『어느 별의 지옥』, 청하, 1988.
7. 『아버지가 세운 허수아비』, 문학과지성사, 1985.
8. 『또 다른 별에서』, 문학과지성사, 1981.